당신에게
행함의 꽃을 피워
드리겠습니다

당신에게
행함의 꽃을 피워
드리겠습니다

이선세

토브원형출판사

― 말씀 위에 시가 머물고
　시 위에 삶이 피어나기를

펴내는 글

"행함의 꽃을
피워드리겠습니다"는
주일마다 선포된 하나님의 말씀을
한 주간 삶 속에 더 깊이 심고자 하는 마음에서 비롯된
묵상시집입니다.

설교는 때로 강물처럼 흘러가지만,
그 물줄기 안에 담긴 말씀의 씨앗은
머무는 자리에 따라 꽃이 되기도 하고,
흔적 없이 사라지기도 합니다.
그래서 저는 한 편 한 편의 시로
그 말씀을 붙잡고자 했습니다.

하루를 시작하는 새벽,
주일 말씀 앞에 다시 서서
가슴에 닿은 한 줄을 곱씹고,
그 떨림이 흘러가는 대로 시를 써내려갔습니다.

그리고 그 시들을

매일 아침 사랑하는 교우들에게 조심스레 보내기
시작했습니다.

시가 길지 않아도,
시가 곧 설명하지 않아도,
하나님의 말씀이 그 시 안에 살아 숨 쉬고 있기를 바라는
마음으로

그렇게 전해진 시 한 편이
누군가에겐 말씀을 떠올리는 마중물이 되었고,
또 누군가에겐 그날 하루를 말씀 안에서 살아가게 하는
묵상의 불씨가 되어주었습니다.

이 묵상시집은
우리 모두의 예배 후 삶에서 피어나길 바라는 기도입니다.
말씀이 강단에서만이 아니라,
삶의 자리마다 흘러가기를 바랐고,
그 말씀 앞에 우리의 마음이 잠시 멈추고,
감성으로 머물며 순종으로 꽃피우기를 소망했습니다.

"행함의 꽃을 피워드리겠습니다"는
그 살아내기를 향한 작은 걸음이며,
매일 아침, 우리의 믿음과 삶 사이에 놓여진
짧은 다리 하나가 되고자 합니다.

이제, 그 시들을 모아 한 권의 시집으로 펴냅니다.
교우들과 함께 나눈 나날들을 기억하며,
이 작은 시들이 앞으로도 누군가의 하루에
조용히 피어나는 '말씀의 꽃'이 되기를 기도합니다.

말씀이 시가 되고,
시가 삶이 되고,
삶이 하나님께 드려지면 참 좋겠습니다.

2025년 6월 8일
황룡산 자락 예수님과 함께 머무는 방에서
이선세목사

차례

005 펴내는 글
015 당신에게 행함의 꽃을 피워드리겠습니다

하늘 뜻으로 웃는 연합함이여

019 너무 멀리까지 가지 않게 하소서
020 시작부터 높이 계신 주님
022 주저 말고
023 그 길 따라
024 예수님처럼
025 현실 인식
026 입으로 시인하여
027 마음으로 신뢰
028 표징
029 마음가짐
030 꿋꿋해야 해
031 진정, 강한 자
033 증인의 삶
034 신실하여라
035 율법주의
036 원형
037 나를 기뻐하여라
038 믿음이란

039	기쁨의 이유
041	현실
043	제 1현실
044	감사와 상황
045	감사와 뇌물
046	산다는 것
047	그리스도의 향기
049	믿는 자에게
050	피조물이 고대하는 바 1
051	피조물이 고대하는 바 2
053	나와 함께 있어
054	순종의 훈련
055	시작
056	순종의 자리
057	순종하고 있는 중
058	순종
059	누구 종
060	믿음의 자세

차원이 다른 이를 품에 품고서

063	마음으로
064	믿음의 눈
065	문제 앞에 1
066	문제 앞에 2
067	속지 않기
068	충성된 종은
069	맺어짐
070	죄 1
071	죄 2
072	내가 먹은 마음
075	우상숭배

076	관건은
077	초점
078	받아들임
080	선악과
081	육체를 통해
082	불법
083	희미한 마음

하늘빛 십자가 하늘길을 내는

087	영의 숨
088	감사가 터질 때까지
089	기준 1
091	기준 2
093	당연한 말
094	어린아이처럼 1
095	어린아이처럼 2
097	진정한 회개
098	십자가 노래 1
099	십자가 노래 2
101	십자가 노래 3
102	그래야
103	아기 주님 오신 날
104	시온에서 슬퍼하는 자
105	최고의 목적
106	흐릿하거든
107	십자가 요청
108	하나됨 1
109	하나됨 2
111	십자가 숲
112	십자가를 껴안을 때
113	이제 알잖니

114	십자가를 붙들고
115	원수도 나도
116	세상을 이기는 자
117	좁은 문 1
119	좁은 문 2
121	중요한 것
122	주인 1
123	주인 2
124	주인 3
125	예배
126	만사의 응답
127	통로
128	속함
129	위대한 과제
130	완전히 망해야
131	외길
133	세상맛 1
135	세상맛 2

능력이어라 생명이어라 길이어라

139	나의 기쁨으로
140	부러움의 눈길을 거두고
141	악인과 의인
142	무시로
143	경건
144	나의 기업
145	하나님 앞에서
146	시선
147	내 앞에 있으라
148	영적 리더
149	착각

150	다, 잊은 거란다
151	이제 그만
152	생명의 보람
153	나의 자녀로
154	강하여라
155	하늘에 뿌리를 두고
157	내 안에 거하려무나
158	오늘의 나
159	새사람
161	복 있는 사람
163	관계
164	양자됨
165	갇힌 마음
167	무엇이 억울해
168	류가 달라
169	하늘의 논리
171	강도 만난 자 1
172	강도 만난 자 2
173	강도 만난 자 3
175	제자의 삶
176	죄를 못 보니
177	판단 1
178	판단 2
179	판단 3
180	소망

기다림으로도 즐거운 삶이어라

- 183   기다림 1
- 185   기다림 2
- 186   기다림 3
- 187   깨어 있음
- 189   기도하여라 1
- 191   기도하여라 2
- 192   거룩한 시간
- 193   은혜 1
- 194   은혜 2
- 195   은혜 3
- 196   은혜 아래에서
- 197   새삼 따뜻한 말
- 199   이제 사랑할 수 있게 됐어요
- 200   하늘마음
- 202   더 나아가
- 203   실은 잃은 것이 없단다
- 205   네 마음을 나에게 주렴
- 206   사랑하여라
- 207   항복
- 208   사랑 병
- 209   궁극의 기쁨
- 211   궁극의 참된 벗
- 212   기뻐하여라 1
- 213   기뻐하여라 2
- 214   마음의 첫 번째
- 215   죽고, 죽여야만
- 216   단 하나
- 217   아, 아빠
- 218   번제단에서
- 219   마음을 다하고
- 221   유혹
- 222   사랑하는 이유

자랑하는 자는 이것으로 자랑할지니 곧 명철하여 나를 아는 것과 나 여호와는 사랑과 정의와 공의를 땅에 행하는 자인 줄 깨닫는 것이라 나는 이 일을 기뻐하노라 여호와의 말씀이니라
(렘 9:24)

당신에게 행함의 꽃을 피워드리겠습니다

사랑하는 종아
네가 나를 사랑하느냐?
진정이면
나를 사랑함이 무엇인지
깊이 생각하여라.

예, 주인님

입술만이 아닌 마음 안에
주인님의 뜻이 있어
행함의 꽃
피워드리겠습니다!

오, 주님!

하늘뜻으로 웃는
연합함이여

12 내가 너희를 불쌍히 여기리니 그도 너희를 불쌍히 여겨 너희를 너희 본향으로 돌려보내리라 하셨느니라 13 그러나 만일 너희가 너희 하나님 여호와의 말씀을 복종하지 아니하고 말하기를 우리는 이 땅에 살지 아니하리라 하며 14 또 너희가 말하기를 아니라 우리는 전쟁도 보이지 아니하며 나팔 소리도 들리지 아니하며 양식의 궁핍도 당하지 아니하는 애굽 땅으로 들어가 살리라 하면 잘못되리라
(렘 42 : 12 - 14)

6 너희는 여호와를 만날 만한 때에 찾으라 가까이 계실 때에 그를 부르라 7 악인은 그의 길을, 불의한 자는 그의 생각을 버리고 여호와께로 돌아오라 그리하면 그가 긍휼히 여기시리라 우리 하나님께로 돌아오라 그가 너그럽게 용서하시리라 8 이는 내 생각이 너희의 생각과 다르며 내 길은 너희의 길과 다름이니라 여호와의 말씀이니라
(사 55 : 6 - 8)

너무 멀리까지 가지 않게 하소서

제가 죄인입니다.
너무 멀리까지 가지 않게 하소서!
너무 멀어져
주님 음성 들리지 않으면
어떡 하라구요.

가더라도, 가더라도
그리스도 당신의 그 구원의 음성이
들리는 곳까지만 가서
서서,
다시 돌아올 수 있도록
너무 멀리까지는 가지 않게 하소서!

이 땅에 오신 주님의
핏빛 사랑이 들리면, 당신의 긍휼을 입고
기어이 힘내어
다시 올 수 있겠지요?

오, 주님!

시작부터 높이 계신 주님

높은 곳에서
낮은 곳으로 흐르는 자연의 이치
그 자연스러운 아름다움 앞에
감격하고 있어요.

당신의 아름다움 안에서 지어진
아름다운 피조 세계가
햐~ 서로를 기뻐하며 축복하며
흐르고 있네요!

우리를 위해
지어 놓으신 창조의 아름다움이
시작부터 높이 계신 주님으로부터라고
온 피조 세계가 찬양하고 있어요!

세상 그 무엇이 주로부터 온 자연스러움보다
더 아름다울 수 있을까요?

역리할 수 없어요,
역류할 수 없지요.
높은 곳에서 낮은 곳으로 흐르는
시작부터 높은 곳에 계신 주님의 사랑을
비켜설 수 없어요.

아름다우신 주님이십니다.

예, 주님!

12 영화로우신 보좌여 시작부터 높이 계시며 우리의 성소이시며 13 이스라엘의 소망이신 여호와여 무릇 주를 버리는 자는 다 수치를 당할 것이라 무릇 여호와를 떠나는 자는 흙에 기록이 되오리니 이는 생수의 근원이신 여호와를 버림이니이다
(렘 17:12-13)

여호와 우리 주여 주의 이름이 온 땅에 어찌 그리 아름다운지요 주의 영광이 하늘을 덮었나이다
(시 8:1)

주저말고

아들아!
네 앞에 홍해가 놓여있든
물 한 모금, 풀 한 포기 나오지 않는
광야가 놓여있든
나, 하나님을 따라가는 것에 주저하지 말고
순응하거라!
마음에 생명을 누리게 된단다.

순경이든, 역경이든
나의 인도함에 생명 있음을
새기거라!

예, 주님!

14 나는 선한 목자라 나는 내 양을 알고 양도 나를 아는
것이 15 아버지께서 나를 아시고 내가 아버지를 아는 것
같으니 나는 양을 위하여 목숨을 버리노라
(요 10:14-15)

그 길 따라

신앙과 삶을
분리하고 싶은 강한 충동을
이겨야 한단다.

예수님이 길이잖아!

삶은
그 길 따라 가는 거란다.

예, 주님!

예수께서 이르시되 내가 곧 길이요 진리요 생명이니
나로 말미암지 않고는 아버지께로 올 자가 없느니라
(요 14:6)

예수님처럼

성령의 기도 응답이 현실로 나타나
합력하여 선을 이루려는 것은

이 세상 어떤 것에도
너의 마음을 두지 않고
나의 아들 예수 그리스도처럼

오직
나, 하나님께 마음을 두는 사람으로
그렇게
바뀌어 가게 하려는
것이란다!

---

28 우리가 알거니와 하나님을 사랑하는 자 곧 그의 뜻대로 부르심을 입은 자들에게는 모든 것이 합력하여 선을 이루느니라 29 하나님이 미리 아신 자들을 또한 그 아들의 형상을 본받게 하기 위하여 미리 정하셨으니 이는 그로 많은 형제 중에서 맏아들이 되게 하려 하심이니라 30 또 미리 정하신 그들을 또한 부르시고 부르신 그들을 또한 의롭다 하시고 의롭다 하신 그들을 또한 영화롭게 하셨느니라
(롬 8 : 28 - 30)

현실 인식

하나님과 천국이 현실되자
바로의 군대도
골리앗도
돌을 치켜든 핍박도
거센 폭풍우도
아무것도 아닌 게 되어버렸잖니!

나 곧, 너의 하나님이
현실 인식의
핵심이어야 해!

예, 주님!

나를 넓은 곳으로 인도하시고 나를 기뻐하시므로
나를 구원하셨도다
(시 18:19)

나 여호와가 의로 너를 불렀은즉 내가 네 손을 잡아 너를 보호하며 너를 세워 백성의 언약과 이방의 빛이 되게 하리니
(사 42:6)

입으로 시인하여

입으로
시인하며 사는
삶이란

삶의 자리에서 여러 문제나 상황이
먼저 마음에 밀착된
상태가 아닌

십자가에서 나와 함께
그 문제와 상황을 죽었음으로 여기고
나의 통치를 받는
삶이란다!

예, 주님.

사람이 마음으로 믿어 의에 이르고 입으로 시인하여
구원에 이르느니라
(롬 10 : 10)

마음으로 신뢰

마음은
신앙 의식의 자리와 기관이야.
단순히 감정의 영역
단순히 지적인 개념으로 여기면
믿음의 큰 오류가
일어난단다.

신뢰,
마음으로 신뢰하는 것이잖니.
이 신뢰가 있을 때
마음으로 믿었음이란다!

7 지혜가 제일이니 지혜를 얻으라 네가 얻은 모든 것을 가지고 명철을 얻을지니라

23 모든 지킬 만한 것 중에 더욱 네 마음을 지키라 생명의 근원이 이에서 남이니라
(잠 4:7, 23)

표징

믿음의 사람
예수 그리스도인에게는
두 가지 뚜렷한
표징이 나타난단다.
죽음 앞에서도 찬양하는,
두려움도 얼씬거리지 못할
담대함이란다!

또 하나는
생의 형편과 처지, 문제로
변경되지 않는
기쁨을 소유함이란다.

나와 한길을 걷는 이들에게 있는
표징이란다.

미쁘다 이 말이여 우리가 주와 함께 죽었으면 또한 함께 살 것이요
(딤후 2:11)

이것을 너희에게 이르는 것은 너희로 내 안에서 평안을 누리게
하려 함이라 세상에서는 너희가 환난을 당하나 담대하라 내가
세상을 이기었노라
(요 16:33)

내가 항상 주와 함께 하니 주께서 내 오른손을 붙드셨나이다
(시 73:23)

마음가짐

넌,
나에게 마음을 두어
사자가 먹이를 가로채어 꽉 쥐어
놓지 않듯이
마음가짐을 강하게 하여라.
그리고
그 상태에서 마음을
풀어놓지 마렴!

그것이 나를 바라는
시선처리요,
강하고 담대함이란다!

예, 주님!

그리하면 여호와 그가 네 앞에서 가시며 너와 함께 하사 너를 떠나지 아니하시며 버리지 아니하시리니 너는 두려워하지 말라 놀라지 말라
(신 31:8)

믿음의 주요 또 온전하게 하시는 이인 예수를 바라보자 그는 그 앞에 있는 기쁨을 위하여 십자가를 참으사 부끄러움을 개의치 아니하시더니 하나님 보좌 우편에 앉으셨느니라
(히 12:2)

꿋꿋해야 해

예수
그리스도의 얼굴에 있는
하나님의 영광을 아는 빛을
마음에 받아
보냄 받은 자로
꿋꿋해야 해!

너는,
그리스도로 강하여라!

예, 주님!

1 그러므로 우리가 이 직분을 받아 긍휼하심을 입은 대로 낙심하지 아니하고

6 어두운 데에 빛이 비치라 말씀하셨던 그 하나님께서 예수 그리스도의 얼굴에 있는 하나님의 영광을 아는 빛을 우리 마음에 비추셨느니라
(고후 4:1,6)

진정, 강한 자

자신을 스스로
강하다고, 꽤 괜찮다고
여기는 이유는
사실, 나 하나님을 의지하지
않기 때문이란다.

모든 인생은
나, 하나님을 의지할 때
진정, 강한 자가
된단다!

예, 주님!

10 여호와는 말의 힘이 세다 하여 기뻐하지 아니하시며 사람의 다리가 억세다 하여 기뻐하지 아니하시고 11 여호와는 자기를 경외하는 자들과 그의 인자하심을 바라는 자들을 기뻐하시는도다
(시 147:10-11)

1 내가 붙드는 나의 종, 내 마음에 기뻐하는 자 곧 내가 택한 사람을 보라 내가 나의 영을 그에게 주었은즉 그가 이방에 정의를 베풀리라 2 그는 외치지 아니하며 목소리를 높이지 아니하며 그 소리를 거리에 들리게 하지 아니하며 3 상한 갈대를 꺾지 아니하며 꺼져가는 등불을 끄지 아니하고 진실로 정의를 시행할 것이며 4 그는 쇠하지 아니하며 낙담하지 아니하고 세상에 정의를 세우기에 이르리니 섬들이 그 교훈을 앙망하리라

10 나 여호와가 말하노라 너희는 나의 증인, 나의 종으로 택함을 입었나니 이는 너희가 나를 알고 믿으며 내가 그인 줄 깨닫게 하려 함이라 나의 전에 지음을 받은 신이 없었느니라 나의 후에도 없으리라 11 나 곧 나는 여호와라 나 외에 구원자가 없느니라
(사 42 : 1 - 4, 43 : 10 - 11)

증인의 삶

정의란
내가 택한 너에게서
나의 영광이 나타나는 것임을
늘, 되새기렴.

너의 존재 이유와
삶의 이유는
바로, 정의를 세우는
증인의 삶이야.

예, 주님!

신실하여라

나는 너희들을
축복하는 기계가 아니란다.
너희들을 통해
내가 나의 일을 하도록
나에게
신실하여라!

예, 주님!

6 베드로가 이르되 은과 금은 내게 없거니와 내게 있는 이것을 네게 주노니 나사렛 예수 그리스도의 이름으로 일어나 걸으라 하고 7 오른손을 잡아 일으키니 발과 발목이 곧 힘을 얻고 8 뛰어 서서 걸으며 그들과 함께 성전으로 들어가면서 걷기도 하고 뛰기도 하며 하나님을 찬송하니 9 모든 백성이 그 걷는 것과 하나님을 찬송함을 보고 10 그가 본래 성전 미문에 앉아 구걸하던 사람인 줄 알고 그에게 일어난 일로 인하여 심히 놀랍게 여기며 놀라니라
(행 3:6-10)

율법주의

소원을 이루기 위해서는
하나님 마음에 드는 내가 되어야 하고
그 하나님의 마음에 들려고
말씀을 잘 지키고
거룩해지려 노력하는 것이
행위를 의지하는
믿음이란다.

이것이 율법주의야!

예, 주님.

30 그런즉 우리가 무슨 말을 하리요 의를 따르지 아니한 이방인들이 의를 얻었으니 곧 믿음에서 난 의요 31 의의 법을 따라간 이스라엘은 율법에 이르지 못하였으니 32 어찌 그러하냐 이는 그들이 믿음을 의지하지 않고 행위를 의지함이라 부딪칠 돌에 부딪쳤느니라 33 기록된 바 보라 내가 걸림돌과 거치는 바위를 시온에 두노니 그를 믿는 자는 부끄러움을 당하지 아니하리라 함과 같으니라
(롬 9:30-33)

원형

지옥은
원래 너의 몫이잖니!

그러므로 택함이 없는 사람은 당연한
자기의 몫을 받는 것이고

택함을 받아서
믿음을 갖게 된 사람은
어떠한 공로도 내세울 수가 없고
어떤 자랑도 할 수가 없고
택함을 받지 못한 사람을 향하여
내가 너보다
무엇인가 괜찮다고
여길 수 없잖니!

예, 주님!

14 그런즉 우리가 무슨 말을 하리요 하나님께 불의가 있느냐 그럴 수 없느니라 15 모세에게 이르시되 내가 긍휼히 여길 자를 긍휼히 여기고 불쌍히 여길 자를 불쌍히 여기리라 하셨으니 16 그런즉 원하는 자로 말미암음도 아니요 달음박질하는 자로 말미암음도 아니요 오직 긍휼히 여기시는 하나님으로 말미암음이니라
(롬 9 : 14 - 16)

나를 기뻐하여라

아들아
내 앞에서 그 어떤 일이나
사역보다
나를 기뻐하여라.

넌,
스스로 존재할 수 없잖니.
항상 내 안에서
믿음을 쓰렴!

6 나 여호와가 의로 너를 불렀은즉 내가 네 손을 잡아 너를 보호하며 너를 세워 백성의 언약과 이방의 빛이 되게 하리니 7 네가 눈먼 자들의 눈을 밝히며 갇힌 자를 감옥에서 이끌어 내며 흑암에 앉은 자를 감방에서 나오게 하리라 8 나는 여호와이니 이는 내 이름이라 나는 내 영광을 다른 자에게, 내 찬송을 우상에게 주지 아니하리라
(사 42:6-8)

믿음이란

믿음이란
예수님을 그리스도로
고백함으로써
하늘나라에 들어갈 수 있는
티켓이 아니란다.

믿음이란
생을 살아가는 과정이요,
상태란다.

그 과정 끝에
주어지는 것이 구원이잖니!

13 좁은 문으로 들어가라 멸망으로 인도하는 문은 크고 그 길이 넓어 그리로 들어가는 자가 많고 14 생명으로 인도하는 문은 좁고 길이 협착하여 찾는 자가 적음이라
(마 7 : 13 - 14)

기쁨의 이유

사랑하는 자야
나, 하나님을 섬긴다는 것은
성령을 통하여
보이지 않는 나를 너의 현실로
느끼는 것이며

그것은
내가 너의 기쁨의 이유이기
때문이란다!

예, 주님!

7 그러나 무엇이든지 내게 유익하던 것을 내가 그리스도를 위하여 다 해로 여길뿐더러 8 또한 모든 것을 해로 여김은 내 주 그리스도 예수를 아는 지식이 가장 고상하기 때문이라 내가 그를 위하여 모든 것을 잃어버리고 배설물로 여김은 그리스도를 얻고 9 그 안에서 발견되려 함이니 내가 가진 의는 율법에서 난 것이 아니요 오직 그리스도를 믿음으로 말미암은 것이니 곧 믿음으로 하나님께로부터 난 의라
(빌 3:7-9)

17 형제들아 너희는 함께 나를 본받으라 그리고 너희가 우리를 본받은 것처럼 그와 같이 행하는 자들을 눈여겨 보라 18 내가 여러 번 너희에게 말하였거니와 이제도 눈물을 흘리며 말하노니 여러 사람들이 그리스도의 십자가의 원수로 행하느니라 19 그들의 마침은 멸망이요 그들의 신은 배요 그 영광은 그들의 부끄러움에 있고 땅의 일을 생각하는 자라 20 그러나 우리의 시민권은 하늘에 있는지라 거기로부터 구원하는 자 곧 주 예수 그리스도를 기다리노니 21 그는 만물을 자기에게 복종하게 하실 수 있는 자의 역사로 우리의 낮은 몸을 자기 영광의 몸의 형체와 같이 변하게 하시리라

1 그러므로 나의 사랑하고 사모하는 형제들, 나의 기쁨이요 면류관인 사랑하는 자들아 이와 같이 주 안에 서라
(빌 3:17 - 4:1)

현실

풍랑을 만난
제자들의 현실이
풍랑이어야 하더냐?

뒤로는 바로의 군대가 밀려오고
앞에는 홍해가 가로막고 있을 때
너의 현실은
그 어려움이더냐?

현실을 도외시
하라는 것이 아니잖느냐.
너의 현실은
나, 하나님이어야 하지 않더냐.

십자가의 원수는
나, 하나님이 아닌 것들로
현실 삼는 것이란다!

예, 주님.

2 내 사랑하는 자가 자기 동산으로 내려가 향기로운 꽃밭에 이르러서 동산 가운데에서 양 떼를 먹이며 백합화를 꺾는구나 3 나는 내 사랑하는 자에게 속하였고 내 사랑하는 자는 내게 속 였으며 그가 백합화 가운데에서 그 양 떼를 먹이는도다 4 내 사랑아 너는 디르사 같이 어여쁘고, 예루살렘 같이 곱고, 깃발을 세운 군대 같이 당당하구나 5 네 눈이 나를 놀라게 하니 돌이켜 나를 보지 말라 네 머리털은 길르앗 산 기슭에 누운 염소 떼 같고 6 네 이는 목욕하고 나오는 암양 떼 같으니 쌍태를 가졌으며 새끼 없는 것은 하나도 없구나 7 너울 속의 네 뺨은 석류 한 쪽 같구나 8 왕비가 육십 명이요 후궁이 팔십 명이요 시녀가 무수하되 9 내 비둘기, 내 완전한 자는 하나뿐이로구나 그는 그의 어머니의 외딸이요 그 낳은 자가 귀중하게 여기는 자로구나 여자들이 그를 보고 복된 자라 하고 왕비와 후궁들도 그를 칭찬하는구나

(아 6:2-9)

제1현실

새겨야 한단다!

인생은 성공하려고 사는게 아니라
성공한 사람이 사는
것이란다.

성공은
이 세상에서 무엇을 하느냐,
사람들이 알아주는 일, 재정, 높은 곳에
있지 않단다.

하나님이 내 생의
제1현실이 되는 것이란다!

예, 주님!

감사와 상황

감사할 상황이
주어지는가를 관건으로
여기고 있는 거니?

그래서
감사할 상황이나 조건을
어떻게 얻을 것이냐에 대해서
그토록 신경을 쓰고 힘을
쓰는 거니?

사랑하는 자야
생의 상황과 조건은 나,
하나님이 아니더냐.

오, 주님!

---

22 하나님을 잊어버린 너희여 이제 이를 생각하라 그렇지 아니하면 내가 너희를 찢으리니 건질 자 없으리라 23 감사로 제사를 드리는 자가 나를 영화롭게 하나니 그의 행위를 옳게 하는 자에게 내가 하나님의 구원을 보이리라
(시 50 : 22 - 23)

감사와 뇌물

뇌물은
자기의 뜻을 강화하지만
감사는
나, 하나님의 뜻을
앞에
세운단다.

무엇으로 내게 나오려
하느냐!

감사로 제사를 드리는 자가 나를 영화롭게 하나니 그의 행
위를 옳게 하는 자에게 내가 하나님의 구원을 보이리라
(시 50:23)

산다는 것

복음을
받아들였다는 것은
십자가 사건 안에서
이 세상을 산다는 것이잖니!

네 가정, 직장,
네 사업, 삶의 자리에서
십자가 복음이
삶의 정중앙에 있다는
것이잖니!

예, 주님.

---

28 그들이 욕하여 이르되 너는 그의 제자이나 우리는 모세의 제자라 29 하나님이 모세에게는 말씀하신 줄을 우리가 알거니와 이 사람은 어디서 왔는지 알지 못하노라 30 그 사람이 대답하여 이르되 이상하다 이 사람이 내 눈을 뜨게 하였으되 당신들은 그가 어디서 왔는지 알지 못하는도다
(요 9:28-30)

그리스도의 향기

성령의 다스림 안에서
반듯한 말
반듯한 몸가짐

넌,
존귀 위의 존귀하신
왕의 자녀잖니!

예, 주님!

우리는 구원 받는 자들에게나 망하는 자들에게나 하나님
앞에서 그리스도의 향기니
(고후 2:15)

내가 진실로 진실로 너희에게 이르노니 내 말을 듣고 또 나 보내신 이를 믿는 자는 영생을 얻었고 심판에 이르지 아니하나니 사망에서 생명으로 옮겼느니라
(요 5:24)

7 사랑하는 자들아 우리가 서로 사랑하자 사랑은 하나님께 속한 것이니 사랑하는 자마다 하나님으로부터 나서 하나님을 알고 8 사랑하지 아니하는 자는 하나님을 알지 못하나니 이는 하나님은 사랑이심이라
(요일 4:7-8)

믿는 자에게

사랑으로
생명이 잉태되고
자라남같이

사랑은
생명을 낳고 소성하게
한단다!

나, 하나님이
사랑의 본체이시므로
생명의 본체이시므로
믿는 자에게
생명과 영생이
있단다!

예, 주님!

피조물이 고대하는 바 1

사랑하는 자야
너의 환경
가정, 직장, 사업터, 국가
그곳에서 피조물의 탄식이 터져
나오는 이유를 아니?

십자가에서 너 죽고 나로 다시 산
하나님의 사람들이
그곳에 없음이란다.

모든 환경의 파괴가
근본적으로 해결되기 위해서는
나, 하나님의 아들들이
이 땅에 나타나야 한단다!

19 피조물이 고대하는 바는 하나님의 아들들이 나타나는 것이니

22 피조물이 다 이제까지 함께 탄식하며 함께 고통을 겪고 있는 것을 우리가 아느니라
(롬 8:19, 22)

피조물이 고대하는 바 2

피조의 세계,
모든 환경이 탄식하고 있는데
나, 하나님의 아들들은
왜, 나타나지 않고 있지?

현재의 고난을
피하고 있기 때문이란다.

이 말을 알아들어야
한단다!

예, 주님!

18 생각하건대 현재의 고난은 장차 우리에게 나타날 영광과 비교할 수 없도다 19 피조물이 고대하는 바는 하나님의 아들들이 나타나는 것이니
(롬 8:18-19)

나는 마음이 온유하고 겸손하니 나의 멍에를 메고 내게 배우라 그리하면 너희 마음이 쉼을 얻으리니
(마 11:29)

2 그가 일렀으되 여호와께서 시내 산에서 오시고 세일 산에서 일어나시고 바란 산에서 비추시고 일만 성도 가운데에 강림하셨고 그의 오른손에는 그들을 위해 번쩍이는 불이 있도다
3 여호와께서 백성을 사랑하시나니 모든 성도가 그의 수중에 있으며 주의 발 아래에 앉아서 주의 말씀을 받는도다
(신 33:2-3)

나와 함께 있어

볼 수 있는
눈이 있음은 복이잖니!

그러나 그 눈이 날마다 보고 있는 것이
사악한 것이고, 음란한 것이고
타인의 약점이나 단점을
들춰 내고 다닌다면
그래도
그 눈이 복이겠느냐
오히려 저주와 불행의 원천이
아니겠느냐!

너의 하나님
곧, 나와 함께 있어 생각을 가다듬고
맘을 곱게 써야 해.
먼저, 순하게 따르는 태도를
갖추려무나.

순종의 훈련

나의 영, 성령으로
죄, 의, 심판에 대하여
조명 받으면
구원받을 수 없는 가망 없는
너를 깨닫게 된단다.

그래서, 회개하고 날마다
새롭게 날 의식하라고
사명이 주어진 거란다.

순종이 익어지게 하려무나.

12 내가 이미 얻었다 함도 아니요 온전히 이루었다 함도 아니라 오직 내가 그리스도 예수께 잡힌 바 된 그것을 잡으려고 달려가노라 13 형제들아 나는 아직 내가 잡은 줄로 여기지 아니하고 오직 한 일 즉 뒤에 있는 것은 잊어버리고 앞에 있는 것을 잡으려고
(빌 3 : 12 - 13)

| 시
| 작

산 생명은
십자가에서 시작하고
죽은 생명은
나로부터 시작함이라!

예, 주님!

17 한 사람의 범죄로 말미암아 사망이 그 한 사람을 통하여 왕 노릇 하였은즉 더욱 은혜와 의의 선물을 넘치게 받는 자들은 한 분 예수 그리스도를 통하여 생명 안에서 왕 노릇 하리로다 18 그런즉 한 범죄로 많은 사람이 정죄에 이른 것 같이 한 의로운 행위로 말미암아 많은 사람이 의롭다 하심을 받아 생명에 이르렀느니라 19 한 사람이 순종하지 아니함으로 많은 사람이 죄인 된 것 같이 한 사람이 순종하심으로 많은 사람이 의인이 되리라
(롬 5 : 17 - 19)

순종의 자리

너희는
결정하는 자가 아닌
순종하는 자리에 있어야
한단다.

나는 너희를
인생의 고수로 세워가는 것이 아닌
순종의 전문가로 세워
간단다.

예, 주님!

내가 그로 그 자식과 권속에게 명하여 여호와의 도를 지켜 의와 공도를 행하게 하려고 그를 택하였나니 이는 나 여호와가 아브라함에게 대하여 말한 일을 이루려 함이니라
(창 18:19)

순종하고 있는 중

지금
힘들고, 울고 있니?
아니면
힘나고 뿌듯하고
웃고 있니?

예, 주님!

지금
순종하고 있는 중입니다!

대제사장 여호수아야 너와 네 앞에 앉은 네 동료들은 내 말을 들을 것이니라 이들은 예표의 사람들이라 내가 내 종 싹을 나게 하리라
(슥 3:8)

우리가 말들의 입에 재갈 물리는 것은 우리에게 순종하게 하려고 그 온 몸을 제어하는 것이라
(약 3:3)

순종

하나님께서
내 육을 당신의 뜻대로
움직여 가실 때
내 마음은
하나님의 뜻에 어떻게
참여하는가

그것이
바로 순종이다!

예, 주님!

12 그러므로 너희는 죄가 너희 죽을 몸을 지배하지 못하게 하여 몸의 사욕에 순종하지 말고 13 또한 너희 지체를 불의의 무기로 죄에게 내주지 말고 오직 너희 자신을 죽은 자 가운데서 다시 살아난 자 같이 하나님께 드리며 너희 지체를 의의 무기로 하나님께 드리라
(롬 6:12-13)

누구 종

하나님께
불순종한다기보다는
죄에 순종하는
것이다.

기억하라!

누구나 다, 누구에겐가에
지금,
순종하고 있다.

너희 자신을 종으로 내주어 누구에게 순종하든지 그 순종함을 받는 자의 종이 되는 줄을 너희가 알지 못하느냐 혹은 죄의 종으로 사망에 이르고 혹은 순종의 종으로 의에 이르느니라
(롬 6:16)

믿음의 자세

아들아, 기도하여라!
국가의 상황이, 세계의 상황이
어떠하든지
다니엘과 같은 믿음의 자세를
더욱 익히려무나.

환경에 눈길을 주지 말고
나를 바라려무나.

늘, 어둠의 세력은 준동하지만
마침내 빛의 세계는
열린단다!

다니엘이 이 조서에 왕의 도장이 찍힌 것을 알고도 자기 집에 돌아가서는 윗방에 올라가 예루살렘으로 향한 창문을 열고 전에 하던 대로 하루 세 번씩 무릎을 꿇고 기도하며 그의 하나님께 감사하였더라
(단 6:10)

차원이 다른 이를
품에 품고서

너희는 내 얼굴을 찾으라 하실 때에 내가 마음으로 주께 말하되
여호와여 내가 주의 얼굴을 찾으리이다 하였나이다
(시 27:8)

마음으로

어차피
눈으로는 나를 찾을 수 없잖니.
마음으로 보는 거란다!

마음으로
보이는 것, 찾는 것
바라는 것!

나, 하나님이어야
한단다!

예, 주님!

믿음의 눈

넌,
네 일의 가치를
나 곧, 네 하나님의 관점과
마음으로
평가할 수 있어야
한단다.

어디에 마음을 두고
무엇을 챙기려 하는지
정직하여라!

17 기록된 바 내가 너를 많은 민족의 조상으로 세웠다 하심과 같으니 그가 믿은 바 하나님은 죽은 자를 살리시며 없는 것을 있는 것으로 부르시는 이시니라 18 아브라함이 바랄 수 없는 중에 바라고 믿었으니 이는 네 후손이 이같으리라 하신 말씀대로 많은 민족의 조상이 되게 하려 하심이라 19 그가 백 세나 되어 자기 몸이 죽은 것 같고 사라의 태가 죽은 것 같음을 알고도 믿음이 약하여지지 아니하고 20 믿음이 없어 하나님의 약속을 의심하지 않고 믿음으로 견고하여져서 하나님께 영광을 돌리며 21 약속하신 그것을 또한 능히 이루실 줄을 확신하였으니 22 그러므로 그것이 그에게 의로 여겨졌느니라
(롬 4:17-22)

문제 앞에 1

나, 하나님이
너의 문제 앞에
너와 같은 마음이 되어주시기를 바라는
바람이 깊어질수록
실제 나를,
나의 뜻을 경험하기는
어렵지 않겠니?

너의 마음을
정직, 야사르해야 해!

예, 주님.

나의 방패는 마음이 정직한 자를 구원하시는 하나님께 있도다
(시 7 : 10)

문제 앞에 2

원수와 문제 때문에 마음이
격동하고
화나고, 억울하니?

그래서 그 감정과 마음을
나, 하나님께 투사하고
나 하나님도 네 마음과 같아서
네가 미워하는
그 사람, 그 환경을 처벌하기를
원하니?

내가 너를 공감하면
너에게 어떤 일, 어떤 변화가
일어날까?

생각하려무나!

내가 여호와께 그의 의를 따라 감사함이여 지존하신 여호
와의 이름을 찬양하리로다
(시 7:17)

속지 않기

사랑하는 자야
네가 나를 사랑한다면
더 이상 자연적인 기질에
이끌리지 않게 된단다.

사람의 자연적인 특성에
호감을 갖는
그러한 사랑을
하나님의 사랑으로 속지 않도록
주의하려무나.

예, 주님!

세 번째 이르시되 요한의 아들 시몬아 네가 나를 사랑하느냐 하시니 주께서 세 번째 네가 나를 사랑하느냐 하시므로 베드로가 근심하여 이르되 주님 모든 것을 아시오매 내가 주님을 사랑하는 줄을 주님께서 아시나이다 예수께서 이르시되 내 양을 먹이라
(요 21 : 17)

충성된 종은

충성된 종은
절대 문제를 마음에 담지
않는단다!

주인이 문제를 마음에 담고
종은 주인의 생각과 뜻을 마음에
담기 때문이란다.

주인의 자리를 넘보지 말아라!
네 존재가 망한단다.

예, 주님!

5 여호와께서 이와 같이 말씀하시니라 무릇 사람을 믿으며 육신으로 그의 힘을 삼고 마음이 여호와에게서 떠난 그 사람은 저주를 받을 것이라

7 그러나 무릇 여호와를 의지하며 여호와를 의뢰하는 그 사람은 복을 받을 것이라
(렘 17:5, 7)

맺어짐

구원은
나, 너의 하나님과
맺어짐이잖니.

진정한 맺어짐은
너의 내면 심층부에서부터
나를 소원하는 거란다!

정직하게
네 내면이 갈망하는 것을
말해 줄 수 있니?

오, 주님!

1 내가 밤에 침상에서 마음으로 사랑하는 자를 찾았노라 찾아도 찾아내지 못하였노라 2 이에 내가 일어나서 성 안을 돌아다니며 마음에 사랑하는 자를 거리에서나 큰 길에서나 찾으리라 하고 찾으나 만나지 못하였노라 3 성 안을 순찰하는 자들을 만나서 묻기를 내 마음으로 사랑하는 자를 너희가 보았느냐 하고 4 지나치자마자 마음에 사랑하는 자를 만나서 그를 붙잡고 내 어머니 집으로, 나를 잉태한 이의 방으로 가기까지 놓지 아니하였노라
(아 3:1-4)

죄 1

죄의 특성은
사랑하는 주인님 말고
다른 것에
예쁘게 보이고 싶어 하는
마음이다!

예, 주님!

이르시되 이사야가 너희 외식하는 자에 대하여 잘 예언하였도다 기록하였으되 이 백성이 입술로는 나를 공경하되 마음은 내게서 멀도다
(막 7:6)

내가 주의 계명들을 사모하므로 내가 입을 열고 헐떡였나이다
(시 119:131)

죄 2

사랑하는 주님께
예쁘게 보이고 싶어 하는 본능이
사라져 버린 것은
죄이다!

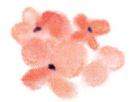

1 내 누이, 내 신부야 내가 내 동산에 들어와서 나의 몰약과 향 재료를 거두고 나의 꿀송이와 꿀을 먹고 내 포도주와 내 우유를 마셨으니 나의 친구들아 먹으라 나의 사랑하는 사람들아 많이 마시라 2 내가 잘지라도 마음은 깨었는데 나의 사랑하는 자의 소리가 들리는구나 문을 두드려 이르기를 나의 누이, 나의 사랑, 나의 비둘기, 나의 완전한 자야 문을 열어 다오 내 머리에는 이슬이, 내 머리털에는 밤이슬이 가득하였다 하는구나 3 내가 옷을 벗었으니 어찌 다시 입겠으며 내가 발을 씻었으니 어찌 다시 더럽히랴마는 4 내 사랑하는 자가 문틈으로 손을 들이밀매 내 마음이 움직여서 5 일어나 내 사랑하는 자를 위하여 문을 열 때 몰약이 내 손에서, 몰약의 즙이 내 손가락에서 문빗장에 떨어지는구나
(아 5:1-5)

내가 먹은 마음

내가 먹은 마음이라
탈이 났던 거구나.
선악과 따먹듯이 마음을 내가 먹었구나!
이 맘을, 저 맘을
옳아서, 보암직해서, 되고파서
넘 탐나서, 지기 싫어서

마음먹으면,
그러면 되는 줄 알았는데
사실 내 상처란 걸
깨닫고 나니
믿음이, 사랑이 들어설
자리가 없어
당황하고 허망해하는 나에게

오, 십자가 사랑이
그동안 먹은 맘 토하게 하신다.

이제, 내 맘이라
고집부리며 내가 먹지 않고
창세 전, 하늘 기쁨 맞이하러
십자가로 달려간다!

14 또 너희가 말하기를 아니라 우리는 전쟁도 보이지 아니하며 나팔 소리도 들리지 아니하며 양식의 궁핍도 당하지 아니하는 애굽 땅으로 들어가 살리라 하면 잘못되리라 15 너희 유다의 남은 자여 이제 여호와의 말씀을 들으라 만군의 여호와 이스라엘의 하나님께서 이와같이 말씀하시되 너희가 만일 애굽에 들어가서 거기에 살기로 고집하면 16 너희가 두려워하는 칼이 애굽 땅으로 따라가서 너희에게 미칠 것이요 너희가 두려워하는 기근이 애굽으로 급히 따라가서 너희에게 임하리니 너희가 거기에서 죽을 것이라
(렘 42 : 14 - 16)

5 야곱 족속아 오라 우리가 여호와의 빛에 행하자 6 주께서 주의 백성 야곱 족속을 버리셨음은 그들에게 동방 풍속이 가득하며 그들이 블레셋 사람들 같이 점을 치며 이방인과 더불어 손을 잡아 언약하였음이라 7 그 땅에는 은금이 가득하고 보화가 무한하며 그 땅에는 마필이 가득하고 병거가 무수하며 8 그 땅에는 우상도 가득하므로 그들이 자기 손으로 짓고 자기 손가락으로 만든 것을 경배하여 9 천한 자도 절하며 귀한 자도 굴복하오니 그들을 용서하지 마옵소서 10 너희는 바위 틈에 들어가며 진토에 숨어 여호와의 위엄과 그 광대하심의 영광을 피하라 11 그 날에 눈이 높은 자가 낮아지며 교만한 자가 굴복되고 여호와께서 홀로 높임을 받으시리라
(사 2:5-11)

우상숭배

동방풍속은
그 기준을 경제력과 군사력에 둔단다.
바로 그 기준으로
종교적으로 의지하고 싶은 마음을
만족시키고

내가 가지고 있는
판단과 의견을 절대적으로
강화시킬 수 있는
우상숭배로 편만해진단다.

나는 우상이 아닌
스스로 있는 여호와이니라!

예, 주님!

관
건
은

관건은
네 마음 안에 있는
거짓 선지자를 처리하는
것이란다!

사실 그 누가 아닌
마음 안에
거짓 선지자가 있단다.

예, 주님!

8 만군의 여호와 이스라엘의 하나님께서 이와 같이 말하노라 너희 중에 있는 선지자들에게와 점쟁이에게 미혹되지 말며 너희가 꾼 꿈도 곧이 듣고 믿지 말라 9 내가 그들을 보내지 아니하였어도 그들이 내 이름으로 거짓을 예언함이라 여호와의 말씀이니라
(렘 29:8-9)

초점

잃어버린 것에 대한
초점이 분명해야 한단다!
잃어버렸다고 느끼는 것들이
너의 미래? 재정?
성공?

아니란다.
나, 곧 하나님을 잃어버린 것은 아니니?
정직하게 너의 마음을
보려무나!

내 안에 다 있단다.
나를 찾고 또 찾으려무나!

13 너희가 온 마음으로 나를 구하면 나를 찾을 것이요 나를 만나리라 14 이것은 여호와의 말씀이니라 나는 너희들을 만날 것이며 너희를 포로된 중에서 다시 돌아오게 하되 내가 쫓아 보내었던 나라들과 모든 곳에서 모아 사로잡혀 떠났던 그 곳으로 돌아오게 하리라 이것은 여호와의 말씀이니라
(렘 29:13-14)

받아들임

나, 하나님을
믿는다고 하면서 복음을 받아들이기에는
너무나 억울해하는
이들이 있단다!
특정한 사람에게만?
대부분
그러하단다.

모세의 제자라는
의식이, 자긍심이, 실세의 자리가
무효화되는 것이
억울하니까!

너의 주인,
예수님을 받아들였다는 것은
십자가의 예수님을 받아들인
것이잖니!

예, 주님!

28 그들이 욕하여 이르되 너는 그의 제자이나 우리는 모세의 제자라 29 하나님이 모세에게는 말씀하신 줄을 우리가 알거니와 이 사람은 어디서 왔는지 알지 못하노라
(요 9 : 28 - 29)

선악과

아들아
선악과를 따먹은 후에
눈이 밝아졌음을
기억하거라!

나, 하나님 외에
다른 것을, 마음이 보고 채우는 것!
그것이
눈이 밝아졌다라는
것이잖니!

5 너희가 그것을 먹는 날에는 너희 눈이 밝아져 하나님과 같이 되어 선악을 알 줄 하나님이 아심이니라 6 여자가 그 나무를 본즉 먹음직도 하고 보암직도 하고 지혜롭게 할 만큼 탐스럽기도 한 나무인지라 여자가 그 열매를 따먹고 자기와 함께 있는 남편에게도 주매 그도 먹은지라 7 이에 그들의 눈이 밝아져 자기들이 벗은 줄을 알고 무화과나무 잎을 엮어 치마로 삼았더라 8 그들이 그 날 바람이 불 때 동산에 거니시는 여호와 하나님의 소리를 듣고 아담과 그의 아내가 여호와 하나님의 낯을 피하여 동산 나무 사이에 숨은지라 9 여호와 하나님이 아담을 부르시며 그에게 이르시되 네가 어디 있느냐 10 이르되 내가 동산에서 하나님의 소리를 듣고 내가 벗었으므로 두려워하여 숨었나이다
(창 3:5-10)

육체를 통해

육체를 통해
보고, 듣고, 느낀
그 문제들이 마음에 들어오고
들어 온 그 문제들이 다시
그 상황으로 돌아가

걱정으로, 염려로, 대책으로, 계획으로
마음의 길을
계속 가는 그것이
넓은 문으로 넓은 길로
가는 거란다.

결국, 육체의 일이며
멸망으로
인도함 받는 거란다!

전에는 우리도 다 그 가운데서 우리 육체의 욕심을 따라 지내며 육체와 마음의 원하는 것을 하여 다른 이들과 같이 본질상 진노의 자녀이었더니
(엡 2:3)

13 좁은 문으로 들어가라 멸망으로 인도하는 문은 크고 그 길이 넓어 그리로 들어가는 자가 많고 14 생명으로 인도하는 문은 좁고 길이 협착하여 찾는 자가 적음이라
(마 7:13-14)

불법

나는
스스로 존재한단다!
그런 내가 만든 세상에서, 너는
살아가잖니.

그러함에도 스스로 존재하는
곧, 너의 하나님이 아닌
나에 의해서 있게 된 것을
너의 마음에
첫 번째가 되게 하고
가득 채우고 또 채우려 하는구나.

그것이
불의요 불법이란다!

나는 여호와이니 이는 내 이름이라 나는 내 영광을 다른
자에게, 내 찬송을 우상에게 주지 아니하리라
(사 42 : 8)

희미한 마음

사랑하는
주님께 헌신하기보다
영적으로
자유하게 해준다는 여러 견해들에
헌신하기 쉬운 마음은
아니니?

내가 너희 영혼을 위하여 크게 기뻐하므로 재물을 사용하고 또 내 자신까지도 내어 주리니 너희를 더욱 사랑할수록 나는 사랑을 덜 받겠느냐
(고후 12:15)

나의 형제 곧 골육의 친척을 위하여 내 자신이 저주를 받아 그리스도에게서 끊어질지라도 원하는 바로라
(롬 9:3)

하늘길을 내는
하늘빛 십자가

3 심령이 가난한 자는 복이 있나니 천국이 그들의 것임이요 4 애통하는 자는 복이 있나니 그들이 위로를 받을 것임이요
(마 5:3-4)

6 그러므로 너희가 그리스도 예수를 주로 받았으니 그 안에서 행하되 7 그 안에 뿌리를 박으며 세움을 받아 교훈을 받은 대로 믿음에 굳게 서서 감사함을 넘치게 하라
(골 2:6-7)

영의 숨

내 사랑하는 자야
나로 말미암아 복 있는 자는
언제나 하늘의 생명을 새롭게
마셔야 한단다.

육의 호흡이 멈추면 숨이 끊어지듯
일상에서 십자가를 노래함이
희미해지면 영의 숨도 끊어진단다.

쉬지 말고
하늘 생명을 마셔야 해.
오늘도 십자가를 노래하려무나!

지금, 마음 안에
하늘 생명, 나로 채워
절대 감사가 넘치게 하려무나.

예, 주님!

감사가 터질 때까지

성소에서
제사드리는 것은
환난에 눌려 지쳐있는 마음이
두려워하고 불평불만으로
감사를 잃어버린 너를
죽이는 과정이란다.

나, 하나님께
감사가 터질 때까지
몸부림치는 것은
복이란다.

예, 주님!

22 하나님을 잊어버린 너희여 이제 이를 생각하라 그렇지 아니하면 내가 너희를 찢으리니 건질 자 없으리라 23 감사로 제사를 드리는 자가 나를 영화롭게 하나니 그의 행위를 옳게 하는 자에게 내가 하나님의 구원을 보이리라
(시 50:22-23)

기준 1

십자가 복음보다
자기의 기준이 더 분명해서
말씀에 순복할 수 없는
죽어 있는 거짓 신앙을
십자가에서 다시, 또
죽여야 산단다!

죽음 없는
종교적 행위에서
속히 떠나
오로지 말씀에 순종을 결단한
내 어여쁜 자로
있어야 해.

13 염소와 황소의 피와 및 암송아지의 재를 부정한 자에게 뿌려 그 육체를 정결하게 하여 거룩하게 하거든 14 하물며 영원하신 성령으로 말미암아 흠 없는 자기를 하나님께 드린 그리스도의 피가 어찌 너희 양심을 죽은 행실에서 깨끗하게 하고 살아 계신 하나님을 섬기게 하지 못하겠느냐 (히 9 : 13 - 14)

7 요한이 많은 바리새인들과 사두개인들이 세례 베푸는 데로 오는 것을 보고 이르되 독사의 자식들아 누가 너희를 가르쳐 임박한 진노를 피하라 하더냐

16 예수께서 세례를 받으시고 곧 물에서 올라오실새 하늘이 열리고 하나님의 성령이 비둘기 같이 내려 자기 위에 임하심을 보시더니 17 하늘로부터 소리가 있어 말씀하시되 이는 내 사랑하는 아들이요 내 기뻐하는 자라 하시니라
(마 3:7, 16 - 17)

기준 2

나의 몸 된 교회가
세워지고 존립할 수 있는 기준은
나와 연합한
십자가의 사건을 얼마나
절실하게 각자의 사건으로 붙잡고
있느냐에 달려 있단다.

나와 연합한
십자가 사건의 존재감이
마음에서 약화되었다면!
없다면

땅의 존재감이 커져
땅에 배를 대고
흙을 먹고 살 수 밖에 없음을
기억하려무나!

예, 주님!

5 육신을 따르는 자는 육신의 일을, 영을 따르는 자는 영의 일을 생각하나니 6 육신의 생각은 사망이요 영의 생각은 생명과 평안이니라 7 육신의 생각은 하나님과 원수가 되나니 이는 하나님의 법에 굴복하지 아니할 뿐 아니라 할 수도 없음이라 8 육신에 있는 자들은 하나님을 기쁘시게 할 수 없느니라 9 만일 너희 속에 하나님의 영이 거하시면 너희가 육신에 있지 아니하고 영에 있나니 누구든지 그리스도의 영이 없으면 그리스도의 사람이 아니라
(롬 8:5-9)

13 좁은 문으로 들어가라 멸망으로 인도하는 문은 크고 그 길이 넓어 그리로 들어가는 자가 많고 14 생명으로 인도하는 문은 좁고 길이 협착하여 찾는 자가 적음이라
(마 7:13-14)

당연한 말

너무나
당연한 말이지만
육의 소리는 육으로 듣게 되고
마음의 소리는 마음으로 듣고
영의 소리는
영으로 들리는 법이잖니!

죄와 더불어
사는 삶에서 돌아서서
전심으로 나를 향하도록 하거라.

나, 하나님의 생각이
크게
선명히 들릴 거란다.

예, 주님!

어린아이처럼 1

귀신의 역사는
세상에서
기쁨 거리를 찾고, 취하기 위해
주체적으로
지혜와 슬기로운 행동을
하게 한단다!

넌, 세상에 대해
어린아이와 같아야 해.

그 뜻을
바르게 이해해야 한단다!

예, 주님.

20 그러나 귀신들이 너희에게 항복하는 것으로 기뻐하지 말고 너희 이름이 하늘에 기록된 것으로 기뻐하라 하시니라 21 그 때에 예수께서 성령으로 기뻐하시며 이르시되 천지의 주재이신 아버지여 이것을 지혜롭고 슬기 있는 자들에게는 숨기시고 어린 아이들에게는 나타내심을 감사하나이다 옳소이다 이렇게 된 것이 아버지의 뜻이니이다
(눅 10:20-21)

어린아이처럼 2

알고 있니?
나, 하나님 대신에 너 자신을
의지하면

내가 책임을
추궁할 만한 문제들을
반드시
일으킨다는 것을!

십자가에서
너 죽고 나로 살아 아이들처럼
순전해야
나를 의지한단다!

그때에 예수께서 성령으로 기뻐하시며 이르시되 천지의 주재이신 아버지여 이것을 지혜롭고 슬기 있는 자들에게는 숨기시고 어린아이들에게는 나타내심을 감사하나이다 옳소이다 이렇게 된 것이 아버지의 뜻이니이다
(눅 10:21)

23 이것들이 아침마다 새로우니 주의 성실하심이 크시도소이다 24 내 심령에 이르기를 여호와는 나의 기업이시니 그러므로 내가 그를 바라리라 하도다
(애 3:23-24)

하나님은 나를 돕는 이시며 주께서는 내 생명을 붙들어 주시는 이시니이다
(시 54:4)

7 그러나 무엇이든지 내게 유익하던 것을 내가 그리스도를 위하여 다 해로 여길뿐더러 8 또한 모든 것을 해로 여김은 내 주 그리스도 예수를 아는 지식이 가장 고상하기 때문이라 내가 그를 위하여 모든 것을 잃어버리고 배설물로 여김은 그리스도를 얻고 9 그 안에서 발견되려 함이니 내가 가진 의는 율법에서 난 것이 아니요 오직 그리스도를 믿음으로 말미암은 것이니 곧 믿음으로 하나님께로부터 난 의라
(빌 3:7-9)

진정한 회개

오직, 용서받은
사람만이 거룩한 사람이란다.

천성에 이르는 동안
자신의 선함이 처절히 무너지는
진정한 회개가 있단다.

단지, 회개가
자신의 인생을 망친 정도의
후회함이 아니란다!

예, 주님!

십자가 노래 1

십자가를 잊지 않고
노래하고 있는 그때만 믿음은
실제 된단다.

세상을 향한 소원에
의미를 둘 수 없고
나, 하나님만 소원하여 하늘 생명을
누리게 된단다.

늘, 언제나 십자가에서
나와 연합하여라.

너 죽고 나로 사는 십자가를
늘, 노래하여라!

21 그들이 수많은 재앙과 환난을 당할 때에 그들의 자손이 부르기를 잊지 아니한 이 노래가 그들 앞에 증인처럼 되리라 나는 내가 맹세한 땅으로 그들을 인도하여 들이기 전 오늘 나는 그들이 생각하는 바를 아노라 22 그러므로 모세가 그 날 이 노래를 써서 이스라엘 자손들에게 가르쳤더라 23 여호와께서 또 눈의 아들 여호수아에게 명령하여 이르시되 너는 이스라엘 자손들을 인도하여 내가 그들에게 맹세한 땅으로 들어가게 하리니 강하고 담대하라 내가 너와 함께 하리라 하시니라
(신 31 : 21 - 23)

십자가 노래 2

고난의 유무에
상관없이 지금 말씀으로
빚어져 가는
순종의 삶이 아름다운
삶이란다!

언제나 십자가를 노래하며
감사하려무나!

예, 주님.

고난 당한 것이 내게 유익이라 이로 말미암아 내가 주의
율례들을 배우게 되었나이다
(시 119:71)

너희 중에 고난 당하는 자가 있느냐 그는 기도할 것이요
즐거워하는 자가 있느냐 그는 찬송할지니라
(약 5:13)

22 그날에 많은 사람이 나더러 이르되 주여 주여 우리가 주의 이름으로 선지자 노릇 하며 주의 이름으로 귀신을 쫓아내며 주의 이름으로 많은 권능을 행하지 아니하였나이까 하리니 23 때에 내가 그들에게 밝히 말하되 내가 너희를 도무지 알지 못하니 불법을 행하는 자들아 내게서 떠나가라 하리라
(마 7:22-23)

내 심령에 이르기를 여호와는 나의 기업이시니 그러므로 내가 그를 바라리라 하도다
(애 3:24)

십자가 노래 3

사람은 성령
안에서만 참된 것이 흐를 뿐이지
사람 자체는 본래, 부패하고 타락하여
결코, 참될 수 없잖니.

잘 믿고 있음이 착각이지 않도록
성령으로 살아야 해.
타인이 아닌
너, 자신을 살펴야 한단다.

말씀을 머리가 아닌 가슴에
담아 둘 수 있도록
날마다, 십자가를 노래하여라!
날마다, 사랑하여라!

예, 주님!

그래야

마음은
이 세상의 가치로부터
떨어져
나와야 된단다.
반드시!

그래야 나, 그리스도가 너희에게
온 것이
큰 기쁨의 좋은 소식이
된단다!

예, 주님.

8 그 지역에 목자들이 밤에 밖에서 자기 양 떼를 지키더니 9 주의 사자가 곁에 서고 주의 영광이 그들을 두루 비추매 크게 무서워하는지라 10 천사가 이르되 무서워하지 말라 보라 내가 온 백성에게 미칠 큰 기쁨의 좋은 소식을 너희에게 전하노라 11 오늘 다윗의 동네에 너희를 위하여 구주가 나셨으니 곧 그리스도 주시니라
(눅 2:8-11)

아기 주님 오신 날

아기 예수님이 오신
외양간과 여물통은 십자가에서 죽으신
그리스도의 표시입니다.

그 표시를 가지고 오신
예수님께서 주시는 구원의 십자가!

아기 예수님 오신 날,
여전히 난
십자가를 노래합니다.

8 그 지역에 목자들이 밤에 밖에서 자기 양 떼를 지키더니 9 주의 사자가 곁에 서고 주의 영광이 그들을 두루 비추매 크게 무서워하는지라 10 천사가 이르되 무서워하지 말라 보라 내가 온 백성에게 미칠 큰 기쁨의 좋은 소식을 너희에게 전하노라 11 오늘 다윗의 동네에 너희를 위하여 구주가 나셨으니 곧 그리스도 주시니라 12 너희가 가서 강보에 싸여 구유에 뉘어 있는 아기를 보리니 이것이 너희에게 표적이니라 하더니 13 홀연히 수많은 천군이 그 천사들과 함께 하나님을 찬송하여 이르되 14 지극히 높은 곳에서는 하나님께 영광이요 땅에서는 하나님이 기뻐하신 사람들 중에 평화로다 하니라
(눅 2:8-14)

시온에서 슬퍼하는 자

시온에서 슬퍼하는 자들만이
그리스도가 갖고 오는 구원이
기쁨이 될 수 있음을
새기어라!

시온에서 슬퍼하는 자
바로,
너이어야 해!

예, 주님!

1 주 여호와의 영이 내게 내리셨으니 이는 여호와께서 내게 기름을 부으사 가난한 자에게 아름다운 소식을 전하게 하려 하심이라 나를 보내사 마음이 상한 자를 고치며 포로된 자에게 자유를, 갇힌 자에게 놓임을 선포하며 2 여호와의 은혜의 해와 우리 하나님의 보복의 날을 선포하여 모든 슬픈 자를 위로하되 3 무릇 시온에서 슬퍼하는 자에게 화관을 주어 그 재를 대신하며 기쁨의 기름으로 그 슬픔을 대신하며 찬송의 옷으로 그 근심을 대신하시고 그들이 의의 나무 곧 여호와께서 심으신 그 영광을 나타낼 자라 일컬음을 받게 하려 하심이라
(사 61 : 1 - 3)

최고의 목적

'하나님께 예쁘게
보여야지'
생의 최고의 목적되었습니다.

코끝에
호흡이 있는 날이면
결코, 나로부터 시작할 수 없어
십자가에서
출발합니다.

예, 주님!

5 너희는 건포도로 내 힘을 돕고 사과로 나를 시원하게 하라 내가 사랑하므로 병이 생겼음이라

4 그들을 지나치자마자 마음에 사랑하는 자를 만나서 그를 붙잡고 내 어머니 집으로, 나를 잉태한 이의 방으로 가기까지 놓지 아니하였노라

7 나의 사랑 너는 어여쁘고 아무 흠이 없구나
(아 2:5, 3:4, 4:7)

흐릿하거든

마음이 아파
삶이 아파
믿음의 길이 흐릿하고
영원의 소망이 흐릿하여
사랑의 힘이 흐릿하거든
주저하지 말아라
망설이지 말아라
힘겨워 힘겨워 힘겨울지라도
포기하지 말아라.

다시 또,
십자가란다!

예, 주님!

1 내가 산을 향하여 눈을 들리라 나의 도움이 어디서 올까
2 나의 도움은 천지를 지으신 여호와에게서로다
(시 121 : 1 - 2)

그러나 내게는 우리 주 예수 그리스도의 십자가 외에 결코 자랑할 것이 없으니 그리스도로 말미암아 세상이 나를 대하여 십자가에 못 박히고 내가 또한 세상을 대하여 그러하니라
(갈 6 : 14)

십자가 요청

십자가 요청은
날마다 순간마다 세상일에
대하여 죽어서
마음을 날마다 새롭게 하나님께
드리는 것이잖니!

문제와 상황의
순간마다 그것, 그곳, 세상에
마음이 가 있는 것은
십자가를 등진 것이요,
십자가의 요청을 뿌리친
것이란다.

형제들아 내가 그리스도 예수 우리 주 안에서 가진 바 너희
에 대한 나의 자랑을 두고 단언하노니 나는 날마다 죽노라
(고전 15:31)

하나됨 1

마음의 갈증과
배고픔을 무엇으로 채우려
하는가가
하나님께 돌아왔는지를
결정한다!

악인은 그의 길을, 불의한 자는 그의 생각을 버리고 여호
와께로 돌아오라 그리하면 그가 긍휼히 여기시리라 우리
하나님께로 돌아오라 그가 너그럽게 용서하시리라
(사 55:7)

하나됨 2

새기어라!
너는 몸이 있는 동안에
코끝의 호흡이 있는 동안에

너의 마음은
나 하나님과 하나 되어야 해!
나와 하나 된 증거는
네가 허기를 느끼는 것이 세상이 아닌
나, 하나님이란다!

이 상태에서 육이 죽으면
나와 하나 된 그 영혼은 나의 나라
빛의 나라로 간단다.

6 너희는 여호와를 만날 만한 때에 찾으라 가까이 계실 때에 그를 부르라 7 악인은 그의 길을, 불의한 자는 그의 생각을 버리고 여호와께로 돌아오라 그리하면 그가 긍휼히 여기시리라 우리 하나님께로 돌아오라 그가 너그럽게 용서하시리라 8 이는 내 생각이 너희의 생각과 다르며 내 길은 너희의 길과 다름이니라 여호와의 말씀이니라 9 이는 하늘이 땅보다 높음 같이 내 길은 너희의 길보다 높으며 내 생각은 너희의 생각보다 높음이니라
(사 55:6-9)

15 그들이 서로 이야기하며 문의할 때에 예수께서 가까이 이르러 그들과 동행하시나 16 그들의 눈이 가리어져서 그인 줄 알아보지 못하거늘

25 이르시되 미련하고 선지자들이 말한 모든 것을 마음에 더디 믿는 자들이여 26 그리스도가 이런 고난을 받고 자기의 영광에 들어가야 할 것이 아니냐 하시고 27 이에 모세와 모든 선지자의 글로 시작하여 모든 성경에 쓴 바 자기에 관한 것을 자세히 설명하시니라

(눅 24 : 15 - 16, 25 - 27)

십자가 숲

십자가로 이루어진 숲을
산책하는 동안에 우리의 마음은
부활하신 예수님을
만나게 된다.

설교를 듣는 것은 십자가의 숲속을
산책하는 것과 같다.

십자가 숲을 거닐 때 마음이 뜨거워지고
연합을 이루어
부활의 주님을 만난다.

들으라. 날마다 먹으라. 연합으로
하나님을 사랑하여라!

예, 주님!

십자가를 껴안을 때

너에게 닥쳐진
문제와 상황들을 껴안고 최선을
다하고 있니?
그러니, 십자가에 달린 내가
너의 걸림돌이 되고, 부딪치는 돌이 되는
거란다!

오히려, 내가 달려있는
십자가를 껴안을 때
나의 통치 아래 있게 된단다.

바로 이것이
믿음의 삶이잖니!

30 그런즉 우리가 무슨 말을 하리요 의를 따르지 아니한 이방인들이 의를 얻었으니 곧 믿음에서 난 의요 31 의의 법을 따라간 이스라엘은 율법에 이르지 못하였으니 32 어찌 그러하냐 이는 그들이 믿음을 의지하지 않고 행위를 의지함이라 부딪칠 돌에 부딪쳤느니라 33 기록된 바 보라 내가 걸림돌과 거치는 바위를 시온에 두노니 그를 믿는 자는 부끄러움을 당하지 아니하리라 함과 같으니라
(롬 9:30-33)

이제 알잖니

너는,
이제 알잖니!

나, 하나님은 악인이 살기를
원한다는 것을
이제는 알잖니!

예, 주님.

21 그러나 악인이 만일 그가 행한 모든 죄에서 돌이켜 떠나 내 모든 율례를 지키고 정의와 공의를 행하면 반드시 살고 죽지 아니할 것이라 22 그 범죄한 것이 하나도 기억함이 되지 아니하리니 그가 행한 공의로 살리라 23 주 여호와의 말씀이니라 내가 어찌 악인이 죽는 것을 조금인들 기뻐하랴 그가 돌이켜 그 길에서 떠나 사는 것을 어찌 기뻐하지 아니하겠느냐 24 만일 의인이 돌이켜 그 공의에서 떠나 범죄하고 악인이 행하는 모든 가증한 일대로 행하면 살겠느냐 그가 행한 공의로운 일은 하나도 기억함이 되지 아니하리니 그가 그 범한 허물과 그 지은 죄로 죽으리라
(겔 18:21-24)

십자가를 붙들고

새기려무나!

악인이 행할 수 있는
유일한 공의는
십자가를 붙들고 매사에
죽는 것 뿐이란다!

예, 주님!

21 그러나 악인이 만일 그가 행한 모든 죄에서 돌이켜 떠나 내 모든 율례를 지키고 정의와 공의를 행하면 반드시 살고 죽지 아니할 것이라 22 그 범죄한 것이 하나도 기억함이 되지 아니하리니 그가 행한 공의로 살리라 23 주 여호와의 말씀이니라 내가 어찌 악인이 죽는 것을 조금인들 기뻐하랴 그가 돌이켜 그 길에서 떠나 사는 것을 어찌 기뻐하지 아니하겠느냐
(겔 18:21-23)

원수도 나도

나, 하나님 앞에서는
기도를 받는 자도
기도를 해주는 너도
똑같은 심판의 대상에 불과하다는
것을 깨달아야 한단다.

너는 항상,
너의 원수도 너도 동일한
신분과 위치에서
재판장인 내 앞에
서 있음을 기억하려무나!

예, 주님.

11 하나님은 의로우신 재판장이심이여 매일 분노하시는 하나님이시로다 12 사람이 회개하지 아니하면 그가 그의 칼을 가심이여 그의 활을 이미 당기어 예비하셨도다 13 죽일 도구를 또한 예비하심이여 그가 만든 화살은 불화살들이로다 14 악인이 죄악을 낳음이여 재앙을 배어 거짓을 낳았도다 15 그가 웅덩이를 파 만듦이여 제가 만든 함정에 빠졌도다 16 그의 재앙은 자기 머리로 돌아가고 그의 포악은 자기 정수리에 내리리로다 17 내가 여호와께 그의 의를 따라 감사함이여 지존하신 여호와의 이름을 찬양하리로다
(시 7:11-17)

세상을 이기는 자

세상을 진짜
넉넉히 이기는 자는
요란한 다짐과 결심, 의지, 비교와
경쟁이 아닌

날마다 나와 함께
십자가에서
세상에 대해 죽는 자란다!

예, 주님!

32 자기 아들을 아끼지 아니하시고 우리 모든 사람을 위하여 내주신 이가 어찌 그 아들과 함께 모든 것을 우리에게 주시지 아니하겠느냐 38 내가 확신하노니 사망이나 생명이나 천사들이나 권세자들이나 현재 일이나 장래 일이나 능력이나 39 높음이나 깊음이나 다른 어떤 피조물이라도 우리를 우리 주 그리스도 예수 안에 있는 하나님의 사랑에서 끊을 수 없으리라
(롬 8:32, 38-39)

좁은 문 1

마음이 연합하는
대상이 바뀌어야 한단다.
문제가 아닌
전부를 다 준, 너의 주님으로!

이것이
좁은 문으로 들어가는
것이란다.

예, 주님!

13 좁은 문으로 들어가라 멸망으로 인도하는 문은 크고 그 길이 넓어 그리로 들어가는 자가 많고 14 생명으로 인도하는 문은 좁고 길이 협착하여 찾는 자가 적음이라
(마 7 : 13 - 14)

1 너희는 마음에 근심하지 말라 하나님을 믿으니 또 나를 믿으라 2 내 아버지 집에 거할 곳이 많도다 그렇지 않으면 너희에게 일렀으리라 내가 너희를 위하여 거처를 예비하러 가노니 3 가서 너희를 위하여 거처를 예비하면 내가 다시 와서 너희를 내게로 영접하여 나 있는 곳에 너희도 있게 하리라 4 내가 어디로 가는지 그 길을 너희가 아느니라
(요 14 : 1 - 4)

좁은 문 2

육체를 통해
세상을 만나듯이
마음이 하늘을 만나야 해.

하늘나라는
나, 너의 주가
영원 전부터 있었던 그곳에서
이 땅에 와
십자가를 세우고
다시 간 그곳, 그곳에서

너희들의 거처를
예비하고 다시 와
너희들을 데리고 갈 그곳이며
그곳에 갈, 그 길이
좁은 문,
좁은 길이란다.
나를 따르렴!

너희는 하나님으로부터 나서 그리스도 예수 안에 있고 예수는 하나님으로부터 나와서 우리에게 지혜와 의로움과 거룩함과 구원함이 되셨으니
(고전 1 : 30)

10 내가 그리스도와 그 부활의 권능과 그 고난에 참여함을 알고자 하여 그의 죽으심을 본받아 11 어떻게 해서든지 죽은 자 가운데서 부활에 이르려 하노니 12 내가 이미 얻었다 함도 아니요 온전히 이루었다 함도 아니라 오직 내가 그리스도 예수께 잡힌 바 된 그것을 잡으려고 달려가노라
(빌 3 : 10 - 12)

중요한 것

인종, 나라
출신이 어디인지
무엇을 하였고, 무엇을 이루었고
어떤 사람인지
그것이
중요한 것 아니란다.

다만
다른 길, 다른 방법이 아닌
나의 독생자
예수 그리스도의 죽음과 연합하여
나, 하나님께
돌아가게 되었다는 것이란다!

주인 1

너희가 주인으로 살면
너희가 원하는 것, 바라고 꿈꾸는 것
너희가 부족하다고 여기는 것을
해결하기 위한 방법론으로
나, 곧 하나님의 능력을 구하고
성경을 조명하잖니!

나는 너의 하나님,
너의 주인이란다.

예. 주님!

3 그의 거룩한 이름을 자랑하라 여호와를 구하는 자들은 마음이 즐거울지로다 4 여호와와 그의 능력을 구할지어다 그의 얼굴을 항상 구할지어다 5 그의 종 아브라함의 후손 곧 택하신 야곱의 자손 너희는 6 그가 행하신 기적과 그의 이적과 그의 입의 판단을 기억할지어다
(시 105:3-6)

주인 2

판단하고
있는 동안은
생의 주인공이 네가 아니더냐.

누가 주인이더냐?

오, 주님!

8 아침에 나로 하여금 주의 인자한 말씀을 듣게 하소서 내가 주를 의뢰함이니이다 내가 다닐 길을 알게 하소서 내가 내 영혼을 주께 드림이니이다

10 주는 나의 하나님이시니 나를 가르쳐 주의 뜻을 행하게 하소서 주의 영은 선하시니 나를 공평한 땅에 인도하소서
(시 143:8, 10)

주인 3

사랑하는 이들에게
실재이신 주님에게로 오는 길을
막고 있는 것은 아닐까?

오, 주님!
내 힘이 아닌 주님의 능력으로
오늘을 살게 하소서.

온 땅에
가득한 주인님의 생각을 보고
알아듣게 하소서.

오, 주님!

내 말과 내 전도함이 설득력 있는 지혜의 말로 하지 아니하고
다만 성령의 나타나심과 능력으로 하여
(고전 2:4)

그는 여호와 우리 하나님이시라 그의 판단이 온 땅에 있도다
(시 105:7)

예배

십자가에서 죽음이
없으면 나를 만날 수 없음을
너는 알고 있잖니.

그 죽음으로 나를 만난 뒤에나
거룩한 나의 영과 함께
세상으로 보냄을 받는 거잖니.

예배를 통해
너의 소원이 아닌
반드시, 나를 만나야 한단다!

11 여호와께서 말씀하시되 너희의 무수한 제물이 내게 무엇이 유익하뇨 나는 숫양의 번제와 살진 짐승의 기름에 배불렀고 나는 수송아지나 어린 양이나 숫염소의 피를 기뻐하지 아니하노라 12 너희가 내 앞에 보이러 오니 이것을 누가 너희에게 요구하였느냐 내 마당만 밟을 뿐이니라
(사 1 : 11 - 12)

만사의 응답

기억하라
만사의 응답은 주어졌다.
십자가에서
죽는 것이란다!

예, 주님!

내가 그리스도와 함께 십자가에 못 박혔나니 그런즉 이제는 내가 사는 것이 아니요 오직 내 안에 그리스도께서 사시는 것이라 이제 내가 육체 가운데 사는 것은 나를 사랑하사 나를 위하여 자기 자신을 버리신 하나님의 아들을 믿는 믿음 안에서 사는 것이라
(갈 2:20)

야곱 족속아 오라 우리가 여호와의 빛에 행하자
(사 2:5)

| 통로

하늘 위와 하늘 아래
그 경계선상에 있는 십자가가
늘, 보여야 해!

그 누구도
십자가를 통하지 않고
하늘 위와 연결되어 살아갈
수가 없단다

십자가만이
세상 안에 있는 너를 세상 밖으로 나가
하늘로 살게 하잖니!

그러나 내게는 우리 주 예수 그리스도의 십자가 외에 결코 자랑할 것이 없으니 그리스도로 말미암아 세상이 나를 대하여 십자가에 못 박히고 내가 또한 세상을 대하여 그러하니라
(갈 6:14)

지혜자의 마음은 초상집에 있으되 우매한 자의 마음은 혼인집에 있느니라
(전 7:4)

속함

하나님의 마음이
녹아 있는 십자가!
내 평생, 일어나는 그 어떤 사건이
그 십자가 사건보다
더 중요한 사건이 될 수 있을까?

하나님, 당신의 아들이 걸려있어
마음이 녹아 있는 십자가!
그 십자가에 내 존재가
결합되어 있는 것,
그것이 하나님께 속함이다.

예, 주님!

내가 너희 중에서 예수 그리스도와 그가 십자가에 못 박히신 것 외에는 아무 것도 알지 아니하기로 작정하였음이라
(고전 2:2)

이로써 너희가 하나님의 영을 알지니 곧 예수 그리스도께서 육체로 오신 것을 시인하는 영마다 하나님께 속한 것이요
(요일 4:2)

위대한 과제

남아있는
생의 위대한 과제는
그 어떤 사건, 상황 앞에서도
그 누구 앞이든
십자가를 먼저 바랄 수
있느냐란다!

십자가에서
그것이 기꺼이 죽었느냐
란다!

예, 주님!

21 이것을 내가 내 마음에 담아 두었더니 그것이 오히려 나의 소망이 되었사옴은 22 여호와의 인자와 긍휼이 무궁하시므로 우리가 진멸되지 아니함이니이다 23 이것들이 아침마다 새로우니 주의 성실하심이 크시도소이다 24 내 심령에 이르기를 여호와는 나의 기업이시니 그러므로 내가 그를 바라리라 하도다
(애 3:21-24)

완전히 망해야

마음이 붙잡고 있는 게
많으면
나, 하나님을 볼 수도 없고
느낄 수도 없잖니!

마음이 붙들래야 붙들 수 없는
완전히 망한
죽은 상태에서만
나, 하나님을 보고, 느낄 수 있단다.

나, 하나님은 망하지
않으니까!

---

19 내 고초와 재난 곧 쑥과 담즙을 기억하소서 20 내 마음이 그것을 기억하고 내가 낙심이 되오나 21 이것을 내가 내 마음에 담아 두었더니 그것이 오히려 나의 소망이 되었사옴은 22 여호와의 인자와 긍휼이 무궁하시므로 우리가 진멸되지 아니함이니이다 23 이것들이 아침마다 새로우니 주의 성실하심이 크시도소이다 24 내 심령에 이르기를 여호와는 나의 기업이시니 그러므로 내가 그를 바라리라 하도다
(애 3 : 19 - 24)

외길

나, 하나님과
친할 수 있는 길은
외길이야.

너의 사건이 된 십자가뿐이란다!

나와 친한
내 곁에 있는 이들이
예수 그리스도의 이름을
누린단다.

외길, 십자가로 살아라!

제 구시 기도 시간에 베드로와 요한이 성전에 올라갈새
(요 14:6)

예수께서 이르시되 내가 곧 길이요 진리요 생명이니 나로
말미암지 않고는 아버지께로 올 자가 없느니라
(행 3:1)

16 또 여호와께서 모세에게 이르시되 너는 네 조상과 함께 누우려니와 이 백성은 그 땅으로 들어가 음란히 그 땅의 이방 신들을 따르며 일어날 것이요 나를 버리고 내가 그들과 맺은 언약을 어길 것이라

21 그들이 수많은 재앙과 환난을 당할 때에 그들의 자손이 부르기를 잊지 아니한 이 노래가 그들 앞에 증인처럼 되리라 나는 내가 맹세한 땅으로 그들을 인도하여 들이기 전 오늘 나는 그들이 생각하는 바를 아노라
(신 31 : 16, 21)

세상맛 1

세상을 향한 욕구,
세상맛은
너의 힘으로 절대
처리할 수 없단다.

그러니까
너의 주, 내가 십자가에
달린거란다.

예, 주님!

그들이 수많은 재앙과 환난을 당할 때에 그들의 자손이 부르기를 잊지 아니한 이 노래가 그들 앞에 증인처럼 되리라 나는 내가 맹세한 땅으로 그들을 인도하여 들이기 전 오늘 나는 그들이 생각하는 바를 아노라
(신 31 : 21)

내가 그리스도와 함께 십자가에 못 박혔나니 그런즉 이제는 내가 사는 것이 아니요 오직 내 안에 그리스도께서 사시는 것이라 이제 내가 육체 가운데 사는 것은 나를 사랑하사 나를 위하여 자기 자신을 버리신 하나님의 아들을 믿는 믿음 안에서 사는 것이라
(갈 2 : 20)

세상맛 2

아들아
나의 독생자 예수,
그가 매달린 십자가를 바라보면서
너도 그 십자가에서 달려
죽었음을 고백하는 그 기도가
끊이지 않아야 해!

그러면 점점
세상을 향한 욕구
세상에 대해 맛을 못 느끼게 된단다.

나, 하나님을 향한 소원이
나를 향한 사랑이 커져간단다.

주의 뜻을 이곳에 이루소서.
이 소원이 실제 된단다!

길이어라 생명이어라

능력이어라

3 찬송하리로다 하나님 곧 우리 주 예수 그리스도의 아버지께서 그리스도 안에서 하늘에 속한 모든 신령한 복을 우리에게 주시되 4 곧 창세 전에 그리스도 안에서 우리를 택하사 우리로 사랑 안에서 그 앞에 거룩하고 흠이 없게 하시려고 5 그 기쁘신 뜻대로 우리를 예정하사 예수 그리스도로 말미암아 자기의 아들들이 되게 하셨으니 6 이는 그가 사랑하시는 자 안에서 우리에게 거저 주시는 바 그의 은혜의 영광을 찬송하게 하려는 것이라
(엡 1 : 3 - 6)

나의 기쁨으로

창세 전부터
내게 택함 받은 너는 처음부터
나의 기쁨이란다.

오랜 시간의 기다림에서
은혜의 영광으로 피어나 나를 찬송하는
내 어여쁜 자란다.

널, 택한 내가 있잖니.

오늘도 나에게
시선을 맞추고 나의 기쁨으로
기뻐하려무나.
기쁨이 흘러간단다!

예, 주님!

부러움의 눈길을 거두고

세상을 향한
부러움의 눈길을 거두고
네 가슴에 말씀을 담고
살려무나.

인생의 행복은
세상적 누림이 많고 적음이 아니라
나, 하나님을 얼마나
소유 했느냐에
관한 것이잖니.

근심하는 자 같으나 항상 기뻐하고 가난한 자 같으나 많은 사람을 부요하게 하고 아무 것도 없는 자 같으나 모든 것을 가진 자로다
(고후 6:10)

11 내가 궁핍하므로 말하는 것이 아니니라 어떠한 형편에 든지 나는 자족하기를 배웠노니 12 나는 비천에 처할 줄도 알고 풍부에 처할 줄 알아 모든 일 곧 배부름과 배고픔과 풍부와 궁핍에도 처할 줄 아는 일체의 비결을 배웠노라
(빌 4:11-12)

악인과 의인

네 마음이
원하는 것을 알고 있느냐?

악인은 철저히
나 중심의 자아를 추구하고
의인은 나 곧 하나님의 영광을
원하고 바라잖니.

오늘,
말씀을 이루어야 해!

예, 주님!

10 악인의 마음은 남의 재앙을 원하나니 그 이웃도 그 앞에서 은혜를 입지 못하느니라 21 공의와 인자를 따라 구하는 자는 생명과 공의와 영광을 얻느니라
(잠 21 : 10, 21)

무시로

어디에서나
무엇을 하든지
마음에 어두움이 임하면
거룩한 생명의 빛
나, 하나님의 빛으로
달려와야 해.

그것은
통으로 들은 말씀을
심령에 두고 되새김하며
무시로 성령 안에서
나를 구하는 거란다.

나의 빛이 임하는 곳엔
모든 어둠들이 소멸되고 물러간단다.

마음이 맑고 밝아야 해!

여호와의 교훈은 정직하여 마음을 기쁘게 하고 여호와의 계명은 순결하여 눈을 밝게 하시도다
(시 19:8)

경건

경건은
내 육체의 어떤 문제보다도
사랑하는 주님을 더 가까운 존재로
자리하게 한단다.

예, 주님!

내가 생명이 있는 땅에서 여호와 앞에 행하리로다
(시 116 : 9)

나의 기업

세상의
그 어떤 원수도 나에게서
빼앗아 갈 수 없는
나의 기업은
바로 하나님이십니다!

예, 주님.

내가 여호와께 그의 의를 따라 감사함이여 지존하신 여호와의 이름을 찬양하리로다
(시 7:17)

여호와는 나의 산업과 나의 잔의 소득이시니 나의 분깃을 지키시나이다
(시 16:5)

하나님 앞에서

나의 자녀들은
급하고 필요한 모든 상황과
사건들을
나, 하나님 옆으로 치우고
뒤로 밀어내고
하나님 앞에서 살아
간단다.

예, 주님!

4 내가 여호와의 이름으로 기도하기를 여호와여 주께 구하오니 내 영혼을 건지소서 하였도다

9 내가 생명이 있는 땅에서 여호와 앞에 행하리로다
(시 116:4, 9)

| 시
| 선

적들에게
시선을 두지 말거라.
문제를 계속 바라보며 궁리하는 게
아니란다.

나, 하나님을 따른다는 것은
너의 시선으로
나를 꽉,
움켜잡는 것이란다.

예, 주님!

7 모세가 여호수아를 불러온 이스라엘의 목전에서 그에게 이르되 너는 강하고 담대하라 너는 이 백성을 거느리고 여호와께서 그들의 조상에게 주리라고 맹세하신 땅에 들어가서 그들에게 그 땅을 차지하게 하라 8 그리하면 여호와 그가 네 앞에서 가시며 너와 함께 하사 너를 떠나지 아니하시며 버리지 아니하시리니 너는 두려워하지 말라 놀라지 말라 (신 31 : 7 - 8)

내 앞에 있으라

너희가
내 앞으로 나올 때
참된 것을 보게 될 것이며
아름다운 생을 살 수 있단다.

내 앞에 있으라!

보지 못했던 것, 듣지 못했던 것
알지 못했던 것을
보고, 듣고, 알게 되는
축복과 감격을 누린단다.

힘써,
내 앞에 있으라!

24 오호라 나는 곤고한 사람이로다 이 사망의 몸에서 누가 나를 건져내랴 25 우리 주 예수 그리스도로 말미암아 하나님께 감사하리로다 그런즉 내 자신이 마음으로는 하나님의 법을 육신으로는 죄의 법을 섬기노라
(롬 7:24-25)

영적 리더

영적인 리더는
가정이든 사역의 장, 삶의 자리이든
그곳에서
나, 곧 하나님을 위해서
자기가 꿈을 만들어 내고, 판단하는
사람이 아니란다.

나를 위한다는 명분으로
어떤 꿈들을 스스로 만들어 내는
것이 아니라

너희들 앞에서 행하는
나, 곧 하나님을 따라가는 사람이란다!

시선을 놓치지 말고
주신 말씀 앞에 또, 서려무나!

8 그리하면 여호와 그가 네 앞에서 가시며 너와 함께 하사 너를 떠나지 아니하시며 버리지 아니하시리니 너는 두려워하지 말라 놀라지 말라 23 여호와께서 또 눈의 아들 여호수아에게 명령하여 이르시되 너는 이스라엘 자손들을 인도하여 내가 그들에게 맹세한 땅으로 들어가게 하리니 강하고 담대하라 내가 너와 함께 하리라 하시니라
(신 31 : 8, 23)

착각

인간은
자신의 불안과 불행을
설명할 수 없단다.
그러면서도
노력과 열심, 조직의 힘으로
그것을 회복할 수 있다고
착각하고 있단다!

나, 하나님의 영광이
반영된
그 영광이 소멸되었는데도
헛힘을 쓰는구나.

오, 주님!

---

18 생각하건대 현재의 고난은 장차 우리에게 나타날 영광과 비교할 수 없도다 19 피조물이 고대하는 바는 하나님의 아들들이 나타나는 것이니 20 피조물이 허무한 데 굴복하는 것은 자기 뜻이 아니요 오직 굴복하게 하시는 이로 말미암음이라 21 그 바라는 것은 피조물도 썩어짐의 종 노릇한 데서 해방되어 하나님의 자녀들의 영광의 자유에 이르는 것이니라 22 피조물이 다 이제까지 함께 탄식하며 함께 고통을 겪고 있는 것을 우리가 아느니라
(롬 8:18-22)

다, 잊은 거란다

너의 삶에
여러 문제와 여러 상황에서
네 마음이
하나님을 만나고 있지
않다면

나, 하나님을
잊은 거란다.

나를
잊어버렸다면
다,
잊은 거란다!

예, 주님!

하나님을 잊어버린 너희여 이제 이를 생각하라 그렇지 아니하면 내가 너희를 찢으리니 건질 자 없으리라
(시 50:22)

이제 그만

이미
인생의 목표를
정한 이가 예수님을 만나면
어떻게 될까?

'주님이
그 길로 나를
인도하셔야 해요
어려운 환경을 개선해
주셔야 해요'

이제 그만
나 자신으로부터 출발하는
종교적인 믿음을 멈추고
십자가에서 출발하며
주의 빛에
행하려무나!

야곱 족속아 오라 우리가 여호와의 빛에 행하자
(사 2:5)

내 양은 내 음성을 들으며 나는 그들을 알며 그들은 나를
따르느니라
(요 10:27)

생명의 보람

생명의 보람은
성장에 있잖니.

영원한 생명, 진리인 말씀으로
날마다 너 자신을 물들여
너를 아름답게
성장하게 하려무나.

생의 그 수고는
결코,
헛되지 않는단다.
네 눈에 말씀이
어리게 하려무나!

예, 주님!

17 우리 주 예수 그리스도의 하나님, 영광의 아버지께서 지혜와 계시의 영을 너희에게 주사 하나님을 알게 하시고 18 너희 마음의 눈을 밝히사 그의 부르심의 소망이 무엇이며 성도 안에서 그 기업의 영광의 풍성함이 무엇이며 19 그의 힘의 위력으로 역사하심을 따라 믿는 우리에게 베푸신 능력의 지극히 크심이 어떠한 것을 너희로 알게 하시기를 구하노라
(엡 1 : 17 - 19)

나의 자녀로

너희 생의
수고로움을 내가 안단다.
여전히 비바람 불고 풍랑이 일렁일지라도
그래도 기쁨을 잃지 말아라.

내가
세상을 이기었단다!

기쁨과 소망 안에서
너희에게 맡겨진 소명에
최선을 다하여라.

나의 자녀로
빛된 생으로 살아주려무나.

예, 주님!

이로써 사랑이 우리에게 온전히 이루어진 것은 우리로 심판 날에 담대함을 가지게 하려 함이니 주께서 그러하심과 같이 우리도 이 세상에서 그러하니라
(요일 4:17)

강하여라

양은
목자의 돌봄 안에 있을 때
강하다.

그리스도로 강하여라!

예, 주님!

여호와는 나의 목자시니 내게 부족함이 없으리로다
(요 10:27)

내 양은 내 음성을 들으며 나는 그들을 알며 그들은 나를 따르느니라
(시 23:1)

하늘에 뿌리를 두고

미래에 둔 꿈,
그것으로
행복할 수 있다 여기느냐?
아니란다!

위엣 것을 바라렴.
내가 있단다.

땅에 뿌리를 내려, 안착하려 하니?
아니란다!

내가 있는 하늘에 뿌리를 두고
나를 바라려무나.

내 심령에 이르기를 여호와는 나의 기업이시니 그러므로
내가 그를 바라리라 하도다
(애 3:24)

4 내 안에 거하라 나도 너희 안에 거하리라 가지가 포도나무에 붙어 있지 아니하면 스스로 열매를 맺을 수 없음 같이 너희도 내 안에 있지 아니하면 그러하리라 5 나는 포도나무요 너희는 가지라 그가 내 안에, 내가 그 안에 거하면 사람이 열매를 많이 맺나니 나를 떠나서는 너희가 아무 것도 할 수 없음이라
(요 15:4-5)

내 안에 거하려무나

십자가를 통해
세상을 빠져나갔으면
다시는 절대로
이 세상으로 마음이 다시 내려와서
세상 안에서
기뻐할 게 뭐 있나?
내 유익을 찾을 게 없을까?
배부를 게 뭐 있나?
그러지 말아라.

그곳,
내 안에서 거하려무나.

내 안에 거하며
지금 있는 삶의 자리에서
너 있는 곳을 향한
내 사랑이 흘러가게
해야 한단다.

예, 주님!

오늘의 나

어제도 숨이 있었다.
미세 먼지가 걷힌 오늘, 호흡은 참 다르다.
앞에 단어 하나가 붙는다.
"깨끗한" 날!

어제의 나
오늘의 나, 참 다르다.
십자가에서 역시 단어 하나가 붙는다.
"깨끗해진" 나!

용서함 받은 죄인이 주님을
기뻐합니다.

예, 주님.

너희는 하나님으로부터 나서 그리스도 예수 안에 있고 예수
는 하나님으로부터 나와서 우리에게 지혜와 의로움과 거룩
함과 구원함이 되셨으니
(고전 1:30)

새사람

내 사랑하는 아들아
천국에 올라가면
다 새로운 피조물이지
새사람과 옛사람이 어디 있겠니?

참 부활의 의미는
세상에 대해 죽고 세상에서 다시
살아야 하니
새사람이 의미가 있는
것이잖니.

내 기쁨으로 서로 사랑하여라!

1 그러므로 너희가 그리스도와 함께 다시 살리심을 받았으면 위의 것을 찾으라 거기는 그리스도께서 하나님 우편에 앉아 계시느니라 2 위의 것을 생각하고 땅의 것을 생각하지 말라 3 이는 너희가 죽었고 너희 생명이 그리스도와 함께 하나님 안에 감추어졌음이라
(골 3:1-3)

11 내가 이것을 너희에게 이름은 내 기쁨이 너희 안에 있어 너희 기쁨을 충만하게 하려 함이라 12 내 계명은 곧 내가 너희를 사랑한 것 같이 너희도 서로 사랑하라 하는 이것이니라
(요 15:11-12)

3 찬송하리로다 하나님 곧 우리 주 예수 그리스도의 아버지께서 그리스도 안에서 하늘에 속한 모든 신령한 복을 우리에게 주시되 4 곧 창세 전에 그리스도 안에서 우리를 택하사 우리로 사랑 안에서 그 앞에 거룩하고 흠이 없게 하시려고 5 그 기쁘신 뜻대로 우리를 예정하사 예수 그리스도로 말미암아 자기의 아들들이 되게 하셨으니 6 이는 그가 사랑하시는 자 안에서 우리에게 거저 주시는 바 그의 은혜의 영광을 찬송하게 하려는 것이라
(엡 1 : 3 - 6)

복 있는 사람

꼭, 새기어라!
복 있는 사람의 생이
진행되기 위한 수단으로 땅에 있는 것들
오복이 필요한 것이지
그 자체가 복이 아니란다.

세상은, 복 있는 사람의
생을 위한 배경일 뿐이며
진짜 복은
그리스도 안에서만
주어진단다.

예, 주님!

1 그러므로 사랑을 받는 자녀 같이 너희는 하나님을 본받는 자가 되고 2 그리스도께서 너희를 사랑하신 것 같이 너희도 사랑 가운데서 행하라 그는 우리를 위하여 자신을 버리사 향기로운 제물과 희생제물로 하나님께 드리셨느니라 3 음행과 온갖 더러운 것과 탐욕은 너희 중에서 그 이름조차도 부르지 말라 이는 성도에게 마땅한 바니라 4 누추함과 어리석은 말이나 희롱의 말이 마땅치 아니하니 오히려 감사하는 말을 하라 5 너희도 정녕 이것을 알거니와 음행하는 자나 더러운 자나 탐하는 자 곧 우상 숭배자는 다 그리스도와 하나님의 나라에서 기업을 얻지 못하리니 6 누구든지 헛된 말로 너희를 속이지 못하게 하라 이로 말미암아 하나님의 진노가 불순종의 아들들에게 임하나니 7 그러므로 그들과 함께 하는 자가 되지 말라

(엡 5:1-7)

관계

넌, 나의
형상으로 지음 받았잖니!
나와 인격적인
관계를 맺을 수 있는 존재가
된 것이란다.

그래서 넌
나의 존재를 반영하는
관계 속에서만
행복할 수 있고
성장할 수 있는 거란다.
하늘 기쁨이 차오른단다.

예, 주님.

양자됨

나, 하나님이
지구에 있는 것들을 너에게 줘 봐야
없어질 것들이잖니.

그 없어질 것들에 마음이
빼앗겨 있는 상태가
이 세상의 육신에 속한
생이란다.

세상에 대해 죽은 마음이
이 땅에서 하늘 가치,
나로 살 수 있음은 바로
내 양자라서 그런 거란다.

예, 주님!

그러므로 너희가 그리스도와 함께 다시 살리심을 받았으면 위의 것을 찾으라 거기는 그리스도께서 하나님 우편에 앉아 계시느니라
(골 3:1)

곧 육신의 자녀가 하나님의 자녀가 아니요 오직 약속의 자녀가 씨로 여기심을 받느니라
(롬 9:8)

갇힌 마음

마음이 세상에 갇혀 있으면
하늘에 계신 하나님을 어찌
만날 수 있겠느냐.

세상의 것들을 먼저 느끼고
세상에서 무슨 일이 일어났으면 바라고
세상에서 성취하고자 하는
소원이 있다면
그것이 바로,
마음이 세상에 갇힌 거란다.

부활은
세상으로부터 벗어나
하늘에 있음이잖니!

너희가 세상에 속하였으면 세상이 자기의 것을 사랑할 것이나 너희는 세상에 속한 자가 아니요 도리어 내가 너희를 세상에서 택하였기 때문에 세상이 너희를 미워하느니라
(요 15 : 19)

사람의 행위가 자기 보기에는 모두 정직하여도 여호와는 마음을 감찰하시느니라
(잠 21 : 2)

이에 예수께서 제자들에게 이르시되 누구든지 나를 따라오려거든 자기를 부인하고 자기 십자가를 지고 나를 따를 것이니라
(마 16:24)

형제들아 내가 그리스도 예수 우리 주 안에서 가진 바 너희에 대한 나의 자랑을 두고 단언하노니 나는 날마다 죽노라
(고전 15:31)

무엇이 억울해

세상의 것들을 담고 있기에
나, 하나님을 마음에 담을 수 없고
마음에 담아 둔
세상의 것들이 있고 없음에 따라
기뻐하고 억울해하느라
마음으로부터
나를 놓치고 빼앗겼음을
깨달아야 해.

다른 것이 아닌
세상의 것들에 나를 빼앗겼음이
억울하고
아픔이 될 때부터
십자가를 향해 날마다 힘있게 감사로
달려간단다!

너는 무엇으로
그토록 억울해하는 거니?

류가 달라

육체에 근거되어진
기쁨의 조건이라 여겨지는 모든 것들을
배설물로 여김은

류가 달라
세상에 대한 소망이 죽고
하늘 소망만
남아있기 때문이란다.

12 내가 이미 얻었다 함도 아니요 온전히 이루었다 함도 아니라 오직 내가 그리스도 예수께 잡힌 바 된 그것을 잡으려고 달려가노라 13 형제들아 나는 아직 내가 잡은 줄로 여기지 아니하고 오직 한 일 즉 뒤에 있는 것은 잊어버리고 앞에 있는 것을 잡으려고 14 푯대를 향하여 그리스도 예수 안에서 하나님이 위에서 부르신 부름의 상을 위하여 달려가노라 15 그러므로 누구든지 우리 온전히 이룬 자들은 이렇게 생각할지니 만일 어떤 일에 너희가 달리 생각하면 하나님이 이것도 너희에게 나타내시리라 16 오직 우리가 어디까지 이르렀든지 그대로 행할 것이라
(빌 3:12-16)

하늘의 논리

세상의 논리로는
도저히
이해될 수도, 안심할 수도 없는
하늘의 논리

나, "하나님의 기쁨"이란다!

너의 주
그리스도의 몸 된 교회에서
배워야 해.

예, 주님!

여호와께서 우리를 기뻐하시면 우리를 그 땅으로 인도하여 들이시고 그 땅을 우리에게 주시리라 이는 과연 젖과 꿀이 흐르는 땅이니라
(민 14:8)

25 무엇을 하여야 영생을 얻으리이까 26 예수께서 이르시되 율법에 무엇이라 기록되었으며 네가 어떻게 읽느냐 27 대답하여 이르되 네 마음을 다하며 목숨을 다하며 힘을 다하며 뜻을 다하여 주 너의 하나님을 사랑하고 또한 네 이웃을 네 자신 같이 사랑하라 하였나이다 28 예수께서 이르시되 네 대답이 옳도다 이를 행하라 그러면 살리라 하시니
(눅 10:25-28)

그 잃어버린 자를 내가 찾으며 쫓기는 자를 내가 돌아오게 하며 상한 자를 내가 싸매 주며 병든 자를 내가 강하게 하려니와 살진 자와 강한 자는 내가 없애고 정의대로 그것들을 먹이리라
(겔 34:16)

강도 만난 자 1

오, 주님!
강도 만난 자, 바로 우리 모두
각자였습니다.
마음에는 영원하시고 유일하신 하나님을
잃어버려 영원을 잃었고

오, 주님!
각자의 생은
언제나 최고로 이끄시는
하나님의 뜻을
잃어버려 인생을 잃어
버렸습니다.

영원도 …
인생도 …

바로 제가
강도 만난 자입니다.

오, 주님!

강도 만난 자 2

영원과
인생을 잃어버린 강도
만난 너는,
선한 사마리아인이 되려하면
영원히 죽는단다.

'이와 같이 하려무나!'
넌, 그의 도움을
받을 수 있고, 받아야만
산단다!

넌, 포도나무가 아닌
가지란다!

---

36 네 생각에는 이 세 사람 중에 누가 강도 만난 자의 이웃이 되겠느냐 37 이르되 자비를 베푼 자니이다 예수께서 이르시되 가서 너도 이와 같이 하라 하시니라
(눅 10:36-37)

5 나는 포도나무요 너희는 가지라 그가 내 안에, 내가 그 안에 거하면 사람이 열매를 많이 맺나니 나를 떠나서는 너희가 아무 것도 할 수 없음이라
(요 15:5)

강도 만난 자 3

마귀가 너희에게
다가갈 때는
자신의 소신을 갖고 가는 것이 아니라
언제나 너희를 향한
나, 하나님의 속마음을 뒤틀리게
이해하게 하여
받아들이게 한단다.

나, 하나님께 깨끗한 너로
용서함 받은 죄인,
강도 만난 자로 오려무나!

예, 주님!

25 어떤 율법교사가 일어나 예수를 시험하여 이르되 선생님 내가 무엇을 하여야 영생을 얻으리이까 26 예수께서 이르시되 율법에 무엇이라 기록되었으며 네가 어떻게 읽느냐 27 대답하여 이르되 네 마음을 다하며 목숨을 다하며 힘을 다하며 뜻을 다하여 주 너의 하나님을 사랑하고 또한 네 이웃을 네 자신 같이 사랑하라 하였나이다 28 예수께서 이르시되 네 대답이 옳도다 이를 행하라 그러면 살리라 하시니
(눅 10:25-28)

제
자
의
삶

제자의 삶이란
나, 예수 그리스도와
가장 친밀한 관계로 들어가는
거잖니.

기억하려무나!
나의 기쁨은
나의 제자들이 한걸음 더 가까이
내게 오는 것이란다.

너는, 타인에 대하여
높아진 눈을 십자가에서 돌이키고
내가 주는
평강을 누리려무나!

1 나는 참포도나무요 내 아버지는 농부라 2 무릇 내게 붙어 있어 열매를 맺지 아니하는 가지는 아버지께서 그것을 제거해 버리시고 무릇 열매를 맺는 가지는 더 열매를 맺게 하려 하여 그것을 깨끗하게 하시느니라 3 너희는 내가 일러준 말로 이미 깨끗하여졌으니 4 내 안에 거하라 나도 너희 안에 거하리라 가지가 포도나무에 붙어 있지 아니하면 스스로 열매를 맺을 수 없음 같이 너희도 내 안에 있지 아니하면 그러하리라
(요 15 : 1 - 4)

죄를 못 보니

왜, 십자가에서 죽었다는
이 놀라운 복음을
직장, 사업장, 시장, 삶의 자리에서는
잊어버리는 것일까?

태어날 때부터
시각 장애인인 이 사람처럼
저주 덩어리, 내 죄를 못 보고 있기
때문이란다.

자신의 죄를 못 보니, 화나고
탓하잖니.

---

1 예수께서 길을 가실 때에 날 때부터 맹인 된 사람을 보신지라 2 제자들이 물어 이르되 랍비여 이 사람이 맹인으로 난 것이 누구의 죄로 인함이니이까 자기니이까 그의 부모니이까 3 예수께서 대답하시되 이 사람이나 그 부모의 죄로 인한 것이 아니라 그에게서 하나님이 하시는 일을 나타내고자 하심이라 4 때가 아직 낮이매 나를 보내신 이의 일을 우리가 하여야 하리라 밤이 오리니 그 때는 아무도 일할 수 없느니라 5 내가 세상에 있는 동안에는 세상의 빛이로라 6 이 말씀을 하시고 땅에 침을 뱉어 진흙을 이겨 그의 눈에 바르시고 7 이르시되 실로암 못에 가서 씻으라 하시니 (실로암은 번역하면 보냄을 받았다는 뜻이라) 이에 가서 씻고 밝은 눈으로 왔더라
(요 9:1 - 7)

내 형제들아 너희는 선생된 우리가 더 큰 심판을 받을 줄 알고 선생이 많이 되지 말라
(약 3:1)

판단 1

역사를
인간이 주체가 된
인간의 활동의 결과를 연구하는
것이라 여기느냐.

관점을 바로 잡으렴!

내 백성들의 역사는 나, 하나님의
활동이란다.

나의 판단이 온 땅에 있음을
기억하려무나!

예, 주님!

---

5 그의 종 아브라함의 후손 곧 택하신 야곱의 자손 너희는 6 그가 행하신 기적과 그의 이적과 그의 입의 판단을 기억할지어다 7 그는 여호와 우리 하나님이시라 그의 판단이 온 땅에 있도다
(시 105:5-7)

판단 2

사랑하는 자야
복잡한 문제를 풀어 내는 지점은

이러한 일에 대하여
이 일을 하는 동기에 대하여
나, 너의 하나님이 관심을 갖고 계실까?
아니면, 악한 영이
관심을 갖고 있는 것은 아닐까?
질문해 보는 것이란다.

온 세상에 가득한
나의 판단에 귀 기울여야 한단다!

그러나 내게는 우리 주 예수 그리스도의 십자가 외에 결코 자랑할 것이 없으니 그리스도로 말미암아 세상이 나를 대하여 십자가에 못 박히고 내가 또한 세상을 대하여 그러하니라
(갈 6:14)

그는 여호와 우리 하나님이시라 그의 판단이 온 땅에 있도다
(시 105:7)

판단 3

너의 판단을
십자가에서 죽음으로
결론 냈으면

온 땅에 있는 나의 판단에
귀 기울인단다.

예, 주님!

그는 여호와 우리 하나님이시라 그의 판단이 온 땅에 있도다
(시 105:7)

소망

사랑하는 자야
소망을
미래에 두고, 땅에 두고
그것을 이루려는
애틋한 수고의 땀을 멈추고

위, 하늘에서
소망을 취하려무나!

예, 주님!

11 어떻게 해서든지 죽은 자 가운데서 부활에 이르려 하노니
12 내가 이미 얻었다 함도 아니요 온전히 이루었다 함도 아니라 오직 내가 그리스도 예수께 잡힌 바 된 그것을 잡으려고 달려가노라 13 형제들아 나는 아직 내가 잡은 줄로 여기지 아니하고 오직 한 일 즉 뒤에 있는 것은 잊어버리고 앞에 있는 것을 잡으려고
14 푯대를 향하여 그리스도 예수 안에서 하나님이 위에서 부르신 부름의 상을 위하여 달려가노라
(빌 3:11-14)

기다림으로도
즐거운 삶이어라

나아만이 이에 내려가서 하나님의 사람의 말대로 요단 강에 일곱 번 몸을 잠그니 그의 살이 어린 아이의 살 같이 회복되어 깨끗하게 되었더라
(왕하 15:14)

일곱 번째에 제사장들이 나팔을 불 때에 여호수아가 백성에게 이르되 외치라 여호와께서 너희에게 이 성을 주셨느니라
(수 6:16)

| 기다림 1

나, 주를 향한
기다림이 채워지면 은혜가
고인단다.

24 우리가 소망으로 구원을 얻었으매 보이는 소망이 소망이 아니니 보는 것을 누가 바라리요 25 만일 우리가 보지 못하는 것을 바라면 참음으로 기다릴지니라 26 이와 같이 성령도 우리의 연약함을 도우시나니 우리는 마땅히 기도할 바를 알지 못하나 오직 성령이 말할 수 없는 탄식으로 우리를 위하여 친히 간구하시느니라 27 마음을 살피시는 이가 성령의 생각을 아시나니 이는 성령이 하나님의 뜻대로 성도를 위하여 간구하심이니라 28 우리가 알거니와 하나님을 사랑하는 자 곧 그의 뜻대로 부르심을 입은 자들에게는 모든 것이 합력하여 선을 이루느니라 29 하나님이 미리 아신 자들을 또한 그 아들의 형상을 본받게 하기 위하여 미리 정하셨으니 이는 그로 많은 형제 중에서 맏아들이 되게 하려 하심이니라
(롬 8:24-29)

기다림 2

나의 독생자
예수 그리스도가 이 땅에서 살 때
나타났던 그 모습이
너에게도 나타나게 하려는
나의 의도를 성령이 받아서
기도하고 있단다.

너는 참음으로 기다리려무나!

세상에서의
성공도, 돈도, 권력도
성취도, 실패도, 괴로움도, 애씀도

아, 내가 의지할 것이
아니로구나!
깨닫게 하실 거란다.

예, 주님!

기
다
림
3

볼 수 없는 것을
참음으로 기다려야해.

성령께서
너를 위해 구체적으로 기도하는
시간이란다.

다만, 너는
십자가를 붙잡고 시간이 걸리더라도
세상에 대해서 죽어야
한단다!

예, 주님!

2 믿음의 주요 또 온전하게 하시는 이인 예수를 바라보자 그는 그 앞에 있는 기쁨을 위하여 십자가를 참으사 부끄러움을 개의치 아니하시더니 하나님 보좌 우편에 앉으셨느니라 3 너희가 피곤하여 낙심하지 않기 위하여 죄인들이 이같이 자기에게 거역한 일을 참으신 이를 생각하라
(히 12:2-3)

깨어 있음

육신도, 잠에서
깨어 있을 땐 그 스스로 알듯이
영적인 상황도
똑같이
깨어 있음을 스스로 안단다.

모르면
지금 영이
잠들어 있는 상태란다.

무엇을 의식하니?

1 여호와 주께서 나를 살펴보셨으므로 나를 아시나이다
7 내가 주의 영을 떠나 어디로 가며 주의 앞에서 어디로 피하리이까
(시 139 : 1, 7)

기도를 계속하고 기도에 감사함으로 깨어 있으라
(골 4 : 2)

24 우리가 소망으로 구원을 얻었으매 보이는 소망이 소망이 아니니 보는 것을 누가 바라리요 25 만일 우리가 보지 못하는 것을 바라면 참음으로 기다릴지니라 26 이와 같이 성령도 우리의 연약함을 도우시나니 우리는 마땅히 기도할 바를 알지 못하나 오직 성령이 말할 수 없는 탄식으로 우리를 위하여 친히 간구하시느니라 27 마음을 살피시는 이가 성령의 생각을 아시나니 이는 성령이 하나님의 뜻대로 성도를 위하여 간구하심이니라
(롬 8:24-27)

기도하여라 1

나, 하나님께
나갈 수 없으면 너의 모든 기도는
아무 쓸모도
의미도 없는 거잖니.

기도는
인격체인 나, 하나님께
나아가는 행위란다.

십자가의 죽음으로만
나에게 올 수 있음을 새기거라!

예, 주님!

7 구하라 그리하면 너희에게 주실 것이요 찾으라 그리하면 찾아낼 것이요 문을 두드리라 그리하면 너희에게 열릴 것이니 8 구하는 이마다 받을 것이요 찾는 이는 찾아낼 것이요 두드리는 이에게는 열릴 것이니라
(마 7:7-8)

16 내가 이르노니 너희는 성령을 따라 행하라 그리하면 육체의 욕심을 이루지 아니하리라 17 육체의 소욕은 성령을 거스르고 성령은 육체를 거스르나니 이 둘이 서로 대적함으로 너희가 원하는 것을 하지 못하게 하려 함이니라
(갈 5:16-17)

기도하여라 2

타락한 본성을 가진
너희들이란다.
그러하기에 스스로의 힘만으로
거룩한 능력의 삶을
살 수 없단다.

기도하여라!
육의 감각이 있듯, 혼도 그러하고
영에도 감각이 있어
기도를 하다보면 나와 교통의
세계가 열린 순간을
안단다.

기도는 생명이란다!
육체의 소욕을 거슬러
기도하여라.

예, 주님.

거룩한 시간

나, 하나님 앞에서
깊은 것을 자아내려 하면
결국,
거룩한 시간을
깊이
많이
가져야 하지 않겠니?

너의 최선을 열납한단다.
은혜란다.

12 너희가 내게 부르짖으며 내게 와서 기도하면 내가 너희들의 기도를 들을 것이요 13 너희가 온 마음으로 나를 구하면 나를 찾을 것이요 나를 만나리라 14 이것은 여호와의 말씀이니라 나는 너희들을 만날 것이며 너희를 포로 된 중에서 다시 돌아오게 하되 내가 쫓아 보내었던 나라들과 모든 곳에서 모아 사로잡혀 떠났던 그곳으로 돌아오게 하리라 이것은 여호와의 말씀이니라
(렘 29:12-14)

죄가 너희를 주장하지 못하리니 이는 너희가 법 아래에 있지 아니하고 은혜 아래에 있음이라
(롬 6:14)

은
혜
1

은혜를 받았다는 것은
보이지 않고
들리지 않고, 만져지지도 않는
나, 하나님을
더 현실감 있게
체감하게 되었다는
것이잖니.

예, 주님!

아기가 자라며 강하여지고 지혜가 충만하며 하나님의
은혜가 그의 위에 있더라
(눅 2:40)

내 아들아 그러므로 너는 그리스도 예수 안에 있는 은
혜 가운데서 강하고
(딤후 2:1)

은혜 2

분명,
내가 회개했고
내가 결단하여 믿었고, 애쓰고
수고한 것도, 분명 나인데
믿고 지나간
뒷자리를 돌아보면
언제나 하나님의 은혜!
였습니다.

내가 이렇게 잘했구나.
내가 참 잘 믿고 왔구나가 아닌
예, 하나님의 은혜
은혜입니다!

14 죄가 너희를 주장하지 못하리니 이는 너희가 법 아래에 있지 아니하고 은혜 아래에 있음이라

30 그런즉 우리가 무슨 말을 하리요 의를 따르지 아니한 이방인들이 의를 얻었으니 곧 믿음에서 난 의요
(롬 6:14, 9:30)

| 은혜 3

다른 어떤
부자이기보다
너는 반드시 은혜의 부자여야 해.

그것은, 다만
임하고 있는 은혜를 헛되이만
받지 않으면 된단다.

헛되이 받는다는
의미를 바로 알아야 해!

예, 주님.

1 우리가 하나님과 함께 일하는 자로서 너희를 권하노니 하나님의 은혜를 헛되이 받지 말라 2 이르시되 내가 은혜 베풀 때에 너에게 듣고 구원의 날에 너를 도왔다 하셨으니 보라 지금은 은혜받을 만한 때요 보라 지금은 구원의 날이로다
(고후 6 : 1 - 2)

은혜 아래에서

기를 쓰고
지키려고 해도 지킬 수 없는
율법을 주심이
왜, 그토록 큰 감사인지
이제 알겠느냐

넌, 결코 지킬 수 없단다.

다만
나의 은혜 아래에서
나의 긍휼을
바라고 구하려무나!

예, 주님!

19 우리가 알거니와 무릇 율법이 말하는 바는 율법 아래에 있는 자들에게 말하는 것이니 이는 모든 입을 막고 온 세상으로 하나님의 심판 아래에 있게 하려 함이라 20 그러므로 율법의 행위로 그의 앞에 의롭다 하심을 얻을 육체가 없나니 율법으로는 죄를 깨달음이니라
(롬 3:19-20)

새삼 따뜻한 말

"고맙습니다. 목사님"
새삼 따뜻하여 자꾸 생각난다.

살아서 서로에게
주고받는 새삼 따뜻한 말
자꾸 해야겠다.

사랑 담아서, 하늘 평화 채워서
새삼 따뜻한 말
자꾸 또 해야겠다.

흐뭇한 눈길로
주님도 따뜻하다 웃으신다.

34 새 계명을 너희에게 주노니 서로 사랑하라 내가 너희를 사랑한 것 같이 너희도 서로 사랑하라 35 너희가 서로 사랑하면 이로써 모든 사람이 너희가 내 제자인 줄 알리라
(요 13:34-35)

이는 그가 사랑하시는 자 안에서 우리에게 거저 주시는 바 그의 은혜의 영광을 찬송하게 하려는 것이라
(엡 1:6)

1 그러므로 사랑을 받는 자녀같이 너희는 하나님을 본받는 자가 되고 2 그리스도께서 너희를 사랑하신 것 같이 너희도 사랑 가운데서 행하라 그는 우리를 위하여 자신을 버리사 향기로운 제물과 희생제물로 하나님께 드리셨느니라
(엡 5:1-2)

새 계명을 너희에게 주노니 서로 사랑하라 내가 너희를 사랑한 것 같이 너희도 서로 사랑하라
(요 13:34)

이제 사랑할 수 있게 됐어요

우리는
사랑을 담을 실력도
없거니와
사랑을 담을 공간도 없다.
예수 그리스도와
연합하여 긍휼을 입기 전까지는 …

사랑할 수 없는 나
이제, 사랑할 수 있게 됐어요.

"기뻐하여라"

예, 주님!

하늘마음

사랑이란 이름으로
정의와 믿음이란 이름으로
무심히 찌르던 가시 돋힌 말들을
그때는 왜 몰랐을까?

부끄러워진다.
그렇게 쓰는 것이 아님을
또 십자가가 큰 소리로 들리게 한다.
십자가 핏빛 사랑이
하늘 뜻, 하늘 평화를 입혀주시며 채우라
따르라며 마음에 심어 주신다.

이제는 주제넘지 않고
가신 그만큼만 따라갈 수 있을 것 같다.
아, 이것이 사랑이구나!

사랑은
내 구주 주님이시라!
하늘마음이 또 채워져 간다.

예, 주님.

그때에 내가 말하되 화로다 나여 망하게 되었도다 나는 입술이 부정한 사람이요 나는 입술이 부정한 백성 중에 거주하면서 만군의 여호와이신 왕을 뵈었음이로다 하였더라
(사 6:5)

그러므로 우리는 예수로 말미암아 항상 찬송의 제사를 하나님께 드리자 이는 그 이름을 증언하는 입술의 열매니라
(히 13:15)

더 나아가

넌, 더이상
죄의 종노릇 하지 않는
삶에서
더 나아가

사랑으로 가득 찬
생 이어라!

그리스도께서 너희를 사랑하신 것 같이 너희도 사랑 가운데서 행하라 그는 우리를 위하여 자신을 버리사 향기로운 제물과 희생제물로 하나님께 드리셨느니라
(엡 5:2)

실은 잃은 것이 없단다

사랑하는 자야
이 땅에서 아무리 많은 것을
잃을지라도
실은 잃은 것이 없단다.

난 너에게
하늘, 영원을 주려 하니까!

예, 주님!

8 또한 모든 것을 해로 여김은 내 주 그리스도 예수를 아는 지식이 가장 고상하기 때문이라 내가 그를 위하여 모든 것을 잃어버리고 배설물로 여김은 그리스도를 얻고 9 그 안에서 발견되려 함이니 내가 가진 의는 율법에서 난 것이 아니요 오직 그리스도를 믿음으로 말미암은 것이니 곧 믿음으로 하나님께로부터 난 의라
(빌 3:8-9)

1 여호와의 말씀이니라 그때에 내가 이스라엘 모든 종족의 하나님이 되고 그들은 내 백성이 되리라 2 여호와께서 이같이 말씀하시니라 칼에서 벗어난 백성이 광야에서 은혜를 입었나니 곧 내가 이스라엘로 안식을 얻게 하러 갈 때에라 3 옛적에 여호와께서 나에게 나타나사 내가 영원한 사랑으로 너를 사랑하기에 인자함으로 너를 이끌었다 하였노라
(렘 31 : 1 - 3)

내 아들아 네 마음을 내게 주며 네 눈으로 내 길을 즐거워할지어다
(잠 23 : 26)

네 마음을 나에게 주렴

나, 하나님의 사랑은
그 어떤 매력적인 대상이 있어서
사랑의 감정이
촉발되고 생겨나는 것이
아니란다.

내가
너를 사랑한단다.
마음을 돌이켜 나를 향하게
하려무나.

예, 주님.

사랑하여라

사랑하여라
서로 사랑하며 만물을 사랑하여라.
새 계명으로 준 것처럼
사랑하여라
내가 일렀듯이 모든 것은 폐하나
오직 사랑만이 영원하단다.

사랑하여라.
그토록 아름답던 루시퍼가
타락하여 추악하고 더러워진 것처럼
사람도 그 마음에서
나, 하나님의 형상 곧 사랑을
잃어버리면
루시퍼처럼 된단다.

하나님을 사랑하여라!
서로 사랑하여라!

새 계명을 너희에게 주노니 서로 사랑하라 내가 너희를 사랑한 것 같이 너희도 서로 사랑하라
(요 13:34)

항복

고집부리며
내가 기뻐하지 않음을 알고도
간 일에 대하여
놔두었지만

그러나 돌아오게 할 때에는
억지로 붙잡아 오게 하는
것이 아니라
널, 항복시켜서 돌아오게
한단다!

예, 주님!

17 이에 스스로 돌이켜 이르되 내 아버지에게는 양식이 풍족한 품꾼이 얼마나 많은가 나는 여기서 주려 죽는구나 18 내가 일어나 아버지께 가서 이르기를 아버지 내가 하늘과 아버지께 죄를 지었사오니 19 지금부터는 아버지의 아들이라 일컬음을 감당하지 못하겠나이다 나를 품꾼의 하나로 보소서 하리라 하고 20 이에 일어나서 아버지께로 돌아가니라 아직도 거리가 먼데 아버지가 그를 보고 측은히 여겨 달려가 목을 안고 입을 맞추니
(눅 15 : 17 - 20)

사랑병

순교는 충성심으로 하는 것이 아니라
충성심을 넘어
당신 없으면 못산다는
연애 감정이듯

내 주인님을 향한
그리움으로 사랑함으로
병이 생겼어요.
주님,
이 고백 이루소서!

아, 주님!

2 내게 입맞추기를 원하니 네 사랑이 포도주보다 나음이로구나

5 너희는 건포도로 내 힘을 돕고 사과로 나를 시원하게 하라 내가 사랑하므로 병이 생겼음이라
(아 1:2, 2:5)

궁극의 기쁨

너는 기억하렴.
궁극의 기쁨은
내 품 안에서만 누릴 수 있단다.
너희를 창조할 때
오직
내 품 안에서만
기쁨과 행복하도록 지음
받았단다!

예, 주님!

이 백성의 마음을 둔하게 하며 그들의 귀가 막히고 그들의 눈이 감기게 하라 염려하건대 그들이 눈으로 보고 귀로 듣고 마음으로 깨닫고 다시 돌아와 고침을 받을까 하노라 하시기로
(이 6:10)

그들을 지나치자마자 마음에 사랑하는 자를 만나서 그를 붙잡고 내 어머니 집으로, 나를 잉태한 이의 방으로 가기까지 놓지 아니하였노라
(아 3:4)

예수께서 이르시되 내가 곧 길이요 진리요 생명이니 나로 말미암지 않고는 아버지께로 올 자가 없느니라
(요 14:6)

7 그러나 무릇 여호와를 의지하며 여호와를 의뢰하는 그 사람은 복을 받을 것이라 8 그는 물 가에 심어진 나무가 그 뿌리를 강변에 뻗치고 더위가 올지라도 두려워하지 아니하며 그 잎이 청청하며 가무는 해에도 걱정이 없고 결실이 그치지 아니함 같으리라 9 만물보다 거짓되고 심히 부패한 것은 마음이라 누가 능히 이를 알리요마는 10 나 여호와는 심장을 살피며 폐부를 시험하고 각각 그의 행위와 그의 행실대로 보응하나니 11 불의로 치부하는 자는 자고새가 낳지 아니한 알을 품음 같아서 그의 중년에 그것이 떠나겠고 마침내 어리석은 자가 되리라
(렘 17:7-11)

궁극의 참된 벗

생의 근원적 외로움은
나, 하나님을 떠남으로 기인 된 것이니
근원적 외로움을 달랠 수 있음은
내게로 돌이켜 와서
나와 동행하며 나와 함께 기쁨을 나누고
사랑하는 생을 통해 되지 않겠니.

궁극의 참된 벗은
오직 나, 하나님뿐이잖니.

어여, 오려무나!
자고새의 알을 깨뜨리고
마음 다하여 어여,
어여 오려무나!

예, 주님!

기뻐하여라 1

아들아
이 땅에서의 삶은
수고롭지만
땅보다 높은 나의 뜻과 사랑을
너는 믿고 있지?

기뻐하여라
나와 사랑하는 생이어야 해!

예, 주님!

또 여호와를 기뻐하라 그가 네 마음의 소원을 네게 이루
어 주시리로다
(시 37:4)

기뻐하여라 2

언제까지
38년 병자의 한으로
살려 하느냐
문제가 너를 묶고, 끌어가도록
더 이상 허용해서는
안되잖니

너를 향한 나를
또, 또 다시 바라고 바라려무나.
나는 하나님이란다.
기뻐하여라!

4 풍세를 살펴보는 자는 파종하지 못할 것이요 구름만 바라보는 자는 거두지 못하리라 5 바람의 길이 어떠함과 아이 밴 자의 태에서 뼈가 어떻게 자라는지를 네가 알지 못함 같이 만사를 성취하시는 하나님의 일을 네가 알지 못하느니라 6 너는 아침에 씨를 뿌리고 저녁에도 손을 놓지 말라 이것이 잘 될는지, 저것이 잘 될는지, 혹 둘이 다 잘 될는지 알지 못함이니라 7 빛은 실로 아름다운 것이라 눈으로 해를 보는 것이 즐거운 일이로다
(전 11:4-7)

평안을 너희에게 끼치노니 곧 나의 평안을 너희에게 주노라 내가 너희에게 주는 것은 세상이 주는 것과 같지 아니하니라 너희는 마음에 근심하지도 말고 두려워하지도 말라
(요 14:27)

마음의 첫 번째

하나님이
마음의 첫 번째 관심의 대상에서
벗어날 때,

바로
하나님을 잃어버린
때이다!

오, 주님!

2 내가 잘지라도 마음은 깨었는데 나의 사랑하는 자의 소리가 들리는구나 문을 두드려 이르기를 나의 누이, 나의 사랑, 나의 비둘기, 나의 완전한 자야 문을 열어 다오 내 머리에는 이슬이, 내 머리털에는 밤이슬이 가득하였다 하는구나 3 내가 옷을 벗었으니 어찌 다시 입겠으며 내가 발을 씻었으니 어찌 다시 더럽히랴마는
(아 5:2-3)

죽고, 죽여야만

사랑하는 아들아!
잔인하게
죽어야 하고, 죽여야만
나와의 사랑을 지속할 수 있음을
너는 충분히 알고
있어야 해!

예, 주님!

너는 나를 도장같이 마음에 품고 도장같이 팔에 두라 사랑은 죽음같이 강하고 질투는 스올 같이 잔인하며 불길 같이 일어나니 그 기세가 여호와의 불과 같으니라
(아 8:6)

형제들아 내가 그리스도 예수 우리 주 안에서 가진바 너희에 대한 나의 자랑을 두고 단언하노니 나는 날마다 죽노라
(고전 15:31)

단
하
나

팔려 간 요셉,
평안을 잃었고, 가족을 잃었고
미래도 잃어버려
노예가 되었고
감옥에 들어갔지만

단 하나
잃을 수 없고, 잃지 않은 것!
하. 나. 님!

나, 곧 하나님 안에
다 있단다.

여호와의 말씀이니라 너희를 향한 나의 생각을 내가 아나니 평안이요 재앙이 아니니라 너희에게 미래와 희망을 주는 것이니라
(렘 29:11)

너희는 다시 무서워하는 종의 영을 받지 아니하고 양자의 영을 받았으므로 우리가 아빠 아버지라고 부르짖느니라
(롬 8:15)

아빠

넌
양자의 영을 받아
천국으로 입양되었는데 적응은
잘 되고 있니

아빠라는 호칭이
자연스러워?
아빠가 창조주임이 믿기워지니?

아, 나의 하나님
아빠!

12 그러므로 형제들아 우리가 빚진 자로되 육신에게 져서 육신대로 살 것이 아니니라

15 너희는 다시 무서워하는 종의 영을 받지 아니하고 양자의 영을 받았으므로 우리가 아빠 아버지라고 부르짖느니라
(롬 8 : 12, 15)

번제단에서

번제는
감사가 없는 마음을
죽이는 것이고

감사하지 못하는
마음이 죄스러워 속죄제를
드리는 것이며

나, 하나님을 만난 기쁨에
화목제를
드리는 거잖니.

예, 주님!

22 하나님을 잊어버린 너희여 이제 이를 생각하라 그렇지 아니하면 내가 너희를 찢으리니 건질 자 없으리라 23 감사로 제사를 드리는 자가 나를 영화롭게 하나니 그의 행위를 옳게 하는 자에게 내가 하나님의 구원을 보이리라
(시 50:22-23)

마음을 다하고

나는 영이니
마음으로 나를 사랑하고
가까이해야 해.

마음을 다하고
뜻을 다하고, 힘을 다하고
목숨을 다하여
나를 사랑해야 한단다!

예, 주님!

너는 마음을 다하고 뜻을 다하고 힘을 다하여 네 하나님 여호와를 사랑하라
(신 6:5)

살리는 것은 영이니 육은 무익하니라 내가 너희에게 이른 말은 영이요 생명이라
(요 6:63)

유혹

아들아!
흔들리지 않는 생 되어라.
사람이, 사상과 풍조가
시련과 고통, 유혹이
너를 흔들리게 하더냐?

나, 하나님을
마음 다해 사랑하여
진리의 선포를 멈추지 말고
더욱 담대 하려무나.

나는
너의 하나님
이란다!

예, 주님!

생각하건대 현재의 고난은 장차 우리에게 나타날 영광과 비교할 수 없도다
(롬 8:18)

사랑하는 이유

고요하고 맑은 물이
사물의 모양을 그대로 우러내고
요동치고 더러운 물에는
아무런 형상도 비치지 않는 것처럼

죄로 더러워진 마음
우울하고, 판단하고, 분노하는 마음은
나, 하나님의 음성, 뜻을 왜곡한단다.
마음이 맑아야 해!

그리고 사모해야 한단다!
마음이 맑아도
마음이 다른 곳을 바라보고 있다면
내 뜻을 왜곡한단다.
너의 생의 관심,
방향, 목적을 나에게 맞추려무나.

나의 음성과 뜻을 잘 모르겠니?
살아가는 이유와 관심과
목적이 무엇인지 잘 살피려무나!

예, 주님!

1 내가 진실로 진실로 너희에게 이르노니 문을 통하여 양의 우리에 들어가지 아니하고 다른 데로 넘어가는 자는 절도며 강도요 2 문으로 들어가는 이는 양의 목자라 3 문지기는 그를 위하여 문을 열고 양은 그의 음성을 듣나니 그가 자기 양의 이름을 각각 불러 인도하여 내느니라 4 자기 양을 다 내놓은 후에 앞서 가면 양들이 그의 음성을 아는 고로 따라오되 5 타인의 음성은 알지 못하는 고로 타인을 따르지 아니하고 도리어 도망하느니라

27 내 양은 내 음성을 들으며 나는 그들을 알며 그들은 나를 따르느니라
(요 10 : 1 - 5, 27)

토브원형출판사 출간도서

예, 주님! 제가 순종의 전문가입니다! | 이선세

날마다 전부이신 주님과 십자가에서 연합하여 하나님의 통치 방식이 오직 길임을 아는 순종의 전문가! 온 마음이 오직 주님을 향하는 소원을 품습니다.

사랑하면 항복한다 | 김동민

믿음은 실전입니다. 가정에서, 회사에서, 교회에서! 실제 삶에서 함께하시는 예수님의 이야기로 가득한 책입니다. 그분은 나의 환경이 아니라 나의 마음에 관심이 있으십니다. 그래서 속을 바꾸시고 새롭게 하시는 기적을 행하십니다.

주께서 피워 내시는 대로 | 이선세

이제 조바심 따위에 속지 않는다.
스스로 세우는 큰 비전과 노력에 속지 않는다.
금욕적인 나의 의에 더이상 속지 않는다.
내 사랑 주님께서 피워내시는 시온,
그 십자가에서 감격하며 주님과 연합할 뿐이다!

봄날에 햇살같은, 오늘이어라 | 이선세

오늘도 네가 해야 될 일은 세상에 대한
마음을 십자가에서 죽이는 것이란다.
예, 주님! 명심, 또 명심하겠습니다!

말도 탈도 많은 고린도교회 | 황금성

고린도교회는말도 많고 탈도 많은 교회입니다.
어떻게 보면 모두 요즘 교회들이 안고 있는 문제들이기도 합니다.

하늘 향 배인
하늘 포대기에 감싸여 | 이선세

배워, 들리는 소리가 아닌
들려, 들리는 소리!

십자가 생활화 1 | 이선세

들려오는 이야기가 짙어지면 짙어질수록, 그 일이 커지면 커질수록 십자가 생활화로 하나님께 먼저 반응해야 합니다.

십자가 생활화 2 | 이선세

십자가는 단순한 표식이 아닙니다.
어떤 신앙의 개념이나 감정의 고양을 위한 상징도 아닙니다. 예수님과 함께 죽고, 예수님과 함께 사는 연합의 실제입니다.

당신에게 행함의 꽃을
피워 드리겠습니다

지은이　이선세
그린이　송시명
펴낸이　이선세
엮은이　진연희 김은경
꾸민이　이현정

펴낸곳　토브원형출판사
발행일　2025. 7. 14
등록번호　제2019-000134호
주　소　경기도 고양시 일산동구 고봉로 531번길 66-25
전　화　031-975-0790
카　페　http://cafe.daum.net/lookverygood
ISBN　979-11-967916-7-4
가　격　15,000원

© 이선세, 2025
*이 책은 토브원형출판이 저작권자와의 계약에 따라 발행한 것이므로
본사의 허락 없이는 어떠한 형태나 수단으로도 이 책의 내용을 이용하지 못합니다.
*잘못된 책은 바꿔드립니다.